アカデミック・スキルズ

データ収集・分析入門
社会を効果的に読み解く技法

慶應義塾大学教養研究センター 監修
西山敏樹・鈴木亮子・大西幸周

慶應義塾大学出版会

はじめに

　本書は、2006年に出版された『アカデミック・スキルズ——大学生のための知的技法入門』の姉妹編にあたります。同じく、慶應義塾大学出版会が刊行予定である『アカデミック・スキルズ——実地調査法入門』（長田進経済学部教授及び本書執筆の西山敏樹による）とも相関が深い書籍です。慶應義塾大学日吉キャンパスでは、自分で問題を発見し研究テーマを定め、データの収集・分析を経て研究テーマの動向を明らかにし、問題解決策を明示する一連の研究技法を「アカデミック・スキルズ」と命名して、少人数制の講義を展開しています。すでに、本シリーズの先輩の書として、『グループ学習入門——学びあう場づくりの技法』等があり、目下、「アカデミック・スキルズ」の少人数制の講義は一定の効果をあげて、そのノウハウを書籍に昇華させ社会に波及させるステージに突入しました。

　筆者は、今まで社会調査法（データ収集法）や収集したデータの分析法について、慶應義塾大学教養研究センター設置科目「アカデミック・スキルズ」の講義を担当してきました。また、慶應義塾大学の大学院である政策・メディア研究科や、現在の本務である大学院システムデザイン・マネジメント研究科でも、社会調査法や統計分析手法の講義や大学院生指導を行ってきました。そこで本書では、筆者の社会調査法やデータの分析を伴った学術論文の執筆、公的プロジェクト活動の経験も交えつつ、世の中に多く出回る当該分野の「理論書」ではなく「豊かな経験とノウハウ、つまり社会調査法（データ収集法）及びデータ分析法の真に活きたアカデミック・スキルズを後世に広く伝承する書」を目指して、本書をまとめました。

　近年では、大学・大学院で社会調査やデータ分析を伴う実証的研究を行う学部生、大学院生が大変増えてきました。そこで問題なのは、データを集めてそれらを分析し、考察をまとめて何らかの提案を行えば学部卒業、さらには、大学院修了ができると思っている人々が、大変多いと

いうことです。

　データとその収集、分析の一連のプロセスは、社会的に見ても重要なことです。日常的に、データを見て、色々な人が意思決定し、何らかの行動をすることが大変多いからです。

　データとは、人や組織の行動を決定づける大変重要な性格を持つものなのです。だからこそ、いい加減な姿勢でデータ分析を行うことはご法度です。人や組織が進むべき方向性を正しいものにするためにも、正しいデータ分析とはいかなるべきなのか、学問的お作法すなわち「アカデミック・スキルズ」として、社会調査（データ収集）やデータ分析の方法論を今、着実に身につけておきたいものです。

　そこで本書では、社会調査（データ収集）やデータ分析を行うことの重要性や行う上での心得から、定量・定性双方のデータ収集－分析－考察の事例と手法までを、わかりやすく解説することを目指しました。

　導入書ではありますが、大学院へ社会から戻り入学した人たちが、あらためて学術的な研究を行う上で勘を取り戻す上でも効果的な書であると考えています。勘を取り戻して頂けるようにも、内容面で十分配慮致しました。もちろん、卒業論文を書く多くの学部生にも役立つ内容に仕立ててあります。さらには、これから社会調査（データ収集）やデータ分析の世界に入る多くの社会の方にも役立つ、汎用性の高い書であると確信しています。

　筆者は、社会調査（データ収集）やデータ分析の基礎知識とそれに取り組む姿勢が、筆者の豊かな経験に根差す形で、みなさまの読後にしっかり身につくように工夫致しました。第1章で「データ分析とはどういうことか」、その世界観をわかりやすく解説し、第2章で「データの種類について」も説明しました。その基礎知識をもって、第3章の「データ分析を伴う研究の流れとポイント」を読んで頂けたら、力がぐんと伸びると思います。第3章ではデータを収集するためのノウハウや社会的なルールなどお作法としておさえておきたいことをすべてまとめてあります。そして第4章と第5章では定量的データの分析、定性的データの分析について実例にもとづき、わかりやすく説明してあります。是非本

書を手に取られ、データ収集・分析の世界を味わってほしいと思います。そして学術的研究で、みなさまがしっかりとしたデータ収集・分析のアカデミック・スキルズを身につけ、実社会での活動や大学院での高等研究でそれを活かされることを期待致します。

　なお、末筆ながら本書は極東証券株式会社の寄附講座である「アカデミック・スキルズ」が無ければ決して生まれなかった知的資産です。同社の協力なくして、本書が刊行されることは無かったと思います。ここに極東証券株式会社にあらためて感謝の意を表します。また、本書で用いたデータを提供して下さった慶應義塾大学総合政策学部の片岡正昭教授や学生諸君、看護医療分野の観点を中心に貴重なアドバイスを下さった目白大学人間学部の西山里利専任講師、編集過程で手厚いご指導を頂いた、慶應義塾大学出版会の佐藤聖様、浦山毅様、木下優佳様にも心より御礼申し上げます。

　筆者は、本書の活きた社会調査（データ収集）とデータ分析のノウハウが、社会に広く貢献することを心より祈念しております。

2013年6月

筆者を代表して
西山敏樹

Contents

はじめに ……………………………………………………………… 3

第1章　データ分析とはどういうことか ……………… 9
1. データとは何か ……………………………………………… 10
2. データ分析の定義とデータ分析を行う者の心得 ………… 11
3. データ分析の最低限の用意 ………………………………… 13

第2章　データの種類について ………………………… 15
1. 「定量データ」と「定性データ」への大別 ……………… 16
2. 定量データの分類 …………………………………………… 17
3. 定性データの分類 …………………………………………… 18

第3章　データ分析を伴う研究の流れとポイント …… 21
1. 研究テーマの絞り込みと社会調査の計画 ………………… 22
2. 社会調査の準備 ……………………………………………… 39
3. 社会調査の実行 ……………………………………………… 65
4. 社会調査で得られたデータの分析・公開・社会への還元 … 80
5. まとめ ………………………………………………………… 90

第4章　研究例（定量編） ………………………………… 91
1. はじめに ……………………………………………………… 92
2. 用語確認 ……………………………………………………… 93
3. 平均値の差の検定 …………………………………………… 99
4. クロス集計表 ………………………………………………… 102
5. 回帰分析 ……………………………………………………… 104
6. 主成分分析と因子分析 ……………………………………… 109

第 5 章　研究例（定性編）……………………………………… 115
　1. 調査の実例：世界初の電動大型フルフラットバスを運転した
　　ドライバーへの個別インタビュー ……………………… 116
　2. 具体的な研究活動例：日本語の日常会話のコーパス作成 …… 133
　会話参加者シート ……………………………………………… 140
　会話録音（録画）情報シート ………………………………… 142

附録……………………………………………………………… 145
　社会調査質問票サンプル『交通環境のバリアフリー化に対する
　　価値観調査』………………………………………………… 146
　交通バリアフリー施策に対するグループインタビュー……… 167
　社会調査原稿記録用紙………………………………………… 174
　社会調査の倫理的配慮項目のリスト………………………… 175
　参考文献リスト………………………………………………… 178

第 1 章
データ分析とはどういうことか

1. データとは何か

　今、読者のみなさんが、お店でジュースを買うとしましょう。店員が、「この新しいジュースはビタミンCがレモンよりたくさん含まれており、健康にもよく、よく売れていますよ」と言ってくるのと、「この新しいジュースはメーカーが分析したらビタミンCがレモンの**10倍**ほど入っており、**5種類**の病気に効果があり健康によく、最近では我々の店でも他のジュースの平均**3倍**は売れています」と言ってくるのと、どちらが、信頼度がより高く聞こえますか？

　普通は、後者だと思います。メーカーまたはお店が独自に分析した数字、いわゆる「データ」があり、しかもそれが正確であればあるほど、新しいジュースへの買い手側の信頼度は増して、購買意欲も増すものです。

　こうした我々の身近な生活シーンの例からも判るように、データは、物事の推論（この例では、買い手がお店で買うか買わないか、併せて買った後に、自分にとって、どの程度のプラス面とマイナス面があるかを市民が推定しようとしている段階ですね）の基礎となる事実であり、また意思決定の参考となる資料・情報と定義づけられます。

●**データとは**●
あらゆる物事の推論の土台となる事実であり、また、意思決定をするときの参考となる資料・情報のこと。

---

2. データ分析の定義とデータ分析を行う者の心得

　ところで本書は、大学生でデータ分析を初めて行おうとする人や、社会人の大学院生で大学時代のデータ分析の勘を効果的、かつ効率的に取り戻したい人を対象にしています。要は、大学・大学院の研究・教育活動の様々な場面でデータを分析して、リポートや学術論文等にまとめる人たちに役立つよう、まとめています。
　高等研究機関である大学または大学院で教育を受け、研究を行うみなさんに向けて、実社会で活躍する前に、正しくデータを集め、それらを分析し、あらゆる物事の推論の土台となる客観性の高い事実、あらゆる意思決定に役立つ資料・情報をまとめる手法をアカデミック・スキルズ（学問を行う上での作法）の一つの重要な手法として、しっかり身につけてほしいと思っています。
　分析とは、「ある物事を分解し、物事の側面やそれらを成立させている要素等を明らかにすること」です。要は、データ分析とは、次のプロセスです。

> ●データ分析●
> 　あらゆる物事の推論の土台となる事実、また、意思決定をするときの参考となる資料・情報を客観的かつ公平に導き、整理する目的で、物事をできるだけ詳細に分解し、物事が持つ側面・性格や、成立させる要素等を明らかにする作業のこと。

　上記の新しいジュースを例にとれば、「ビタミンCがレモンの10倍ほど入っている」、「5種類の病気に効果があり健康によい」、「最近では我々の店でも他のジュースの平均3倍は売れている」というのは、新し

いジュースが持つ側面や性格を多くのデータから分析した大切な結果です。このデータを信じて新しいジュースを買って、健康を取り戻した人々がいれば、まさにデータを分析した意義が十分あったと言えます。

　ただ一方では、データが人の行動を大きく左右するものである、ということを忘れないで欲しいと思います。新しいジュースを売りたいがために、メーカー側が「ビタミンCがレモンの5倍なのに10倍と言っている」、お店側が「本当は既存のジュースの1.5倍しか売れていないのに3倍売れていると言っている」という事実を知ったら、買い手はとてもがっかりし、裏切られた気分になります。

　われわれは、この本をいわゆる「べからず集」にはしたくありません。ただ、残念なことにデータを改ざんしていた、という事例は、社会でもたくさん見受けられます。被験者から取得した薬の治験データを改ざんしていた、食品会社が摂取後の検査データを改ざんしていた、というような話は、マスコミでも時々取り上げられています。みなさんも、そういう話を一度は聞いたことがあるはずです。

　分析したデータは、人の人生すら左右しかねない、ということをデータ分析者の心得として、抑えておいてほしいと思っています。なぜなら分析されたデータは、我々一人ひとりの意思決定に資する重要な情報となるからです。多数のデータに裏打ちされたという特効薬が、実は効果もなく、結局人々が購入代金をたくさんとられただけになったようなケースは、社会的に決して許されるものではありません。

　要は、データ分析を行う時の三大心得は、次の通りになります。

●データ分析を行う際の三大心得●
(1) 客観的であれ——主観を交えずに物事を冷静に見つめる姿勢
(2) 公平であれ——物事に偏見を含めず平等に見つめる姿勢
(3) 倫理的であれ——改ざんなどをせずに人としてのモラルを守る姿勢

みなさんは、大学や大学院で教育を受けて研究を行い、さらには実社会での業務で様々なデータ分析の機会を得ると思います。ゆえに、上記（1）-（3）を早い段階で身につけ、自分のデータ分析の結果で、人を誤った方向に導かないようにする心得が必要です。

3. データ分析の最低限の用意

まず、みなさんがたくさんの情報（データ）を集め、それらを分析する上では、データ分析用のコンピュータソフトウェアを用意することが、必須となります。今日では、コンピュータの利用が標準的に行われるようになり、大学や大学院で研究を行う際に行政や企業等が提供してくれるたくさんのデータも、紙に印刷されたデータではなく、すぐにコンピュータ上で読み取れるデジタルデータの場合が多くなりました。

これからの本書の解説では、データ分析の初心者、しかも数学的知識が無い人でも理解が進むように、特定のソフトウェアに偏ることなく記述しています。おそらく多くのみなさんのパソコンには、Microsoft Excelがすでにインストールされていることと想像します。もしくは、IBM SPSS Statistics（Excelのような初心者にはわかりにくい複雑、難解な関数の入力を省略でき、複雑な分析の手法もメニューの中からボタンを押すだけ）も大学でよく用いられており、利用可能な方もおられるでしょう。

是非みなさんには、こうしたデータ分析用のコンピュータソフトウェアをご用意頂きたいと思います。もちろん、ご自分が使いやすいものが良いので、われわれが特定のデータ分析用のソフトウェアを薦めることは致しません。本書では、以下で、様々なデータ分析の手法及びその事例をご覧頂きます。ご自分が用いるソフトウェアで、本書で紹介する各種分析手法を実践する際にどのような操作になるのか、また、どのよう

第1章　データ分析とはどういうことか　　13

な操作を経れば事例で紹介する研究と同じプロセスを経ることが出来るのか、みなさんに一つひとつ確認しながら読み進めてほしいと思います。

本書では、以降で「データの種類」、「データ分析の進め方」についても、わかりやすく解説を行います。自分の研究テーマが決まっている人や分析したいデータがある人も多いと思います。本書を読み、どのような分析手法を用いて、どのようなコンピュータソフトウェアの操作を経れば分析が効果的かつ効率的か、想像しながら読むと良いと思います。

コラム

「CSV 形式とは」

データ分析の手法を大学や大学院で教えていると、「Excel に打ち込んだデータ類を他のソフトウェアで見たり、それらを分析したりすることは出来ないのでしょうか？」とよく質問されます。その際に用いるのが、「CSV 形式」というものです。

CSV 形式とは、データ類をカンマ（","）やタブで区切り並べたファイル形式のことです。カンマ区切りのものを「Comma-Separated Values」といい、タブ区切りのものを「Character-Separated Values」といいます。つまり、「CSV 形式」は、こうした2種類のファイル形式の総称となります（2種類とも頭文字が「CSV」）。主に Excel や SPSS 等のデータ分析用ソフトウェアでデータを保存する際に用い、異なる種類のデータ分析用ソフトウェア同士のデータ交換に使われることが多いです。例えば、Excel でデータの保存の際に形式を CSV 形式として、他のデータ分析用のソフトウェアで開くと、そちらで閲覧・分析できる状態になる、というイメージです。

これなら、企業相互でデータ分析用のソフトウェアが異なっていても、作業を速やかに進めることができます。

第 2 章

データの種類について

データにも種類があります。いわゆる「定量データ」と「定性データ」に大別されることをよく把握しましょう。本章ではデータの種類についてわかりやすく、簡潔にまとめます。

1.「定量データ」と「定性データ」への大別

● 定量データ

　定量データは、「数値で計測・集計・分析が可能な情報」のことを言います。

　例えば、駅の利用者数、病院の患者数、レストランの利用者数は、すべて数値としての計測・集計・分析が可能です。血圧値や心拍数などの数値で表される身体的データ、スーパーマーケットやコンビニエンスストアの基本的な属性（お客さんの年齢・勤続年数等）、数値で表されるデータも定量データです。

　こうして定量データなら、数値情報として計測・集計・分析の一連の作業が容易にできます。そのため、数値で明確に、わかりやすく人や組織の意思決定や判断に資する情報をまとめられる特徴があります。

　一方で、ある商品を買うに至った気持ちの推移、ある野球のチームを応援するに至った具体的な経緯等、数値に表れない心の変化等を具体的に明確化することには向かず、それらは後述の定性データがカバーする範囲となります。

● 定性データ

　定性データは、「数値化できる定量データ以外の文章・画像・動画・音声等の形式をとる情報」のことを言います。要は、数値化できる情報を「定量データ」、それ以外のデータを「定性データ」と分類します。

　例えば、新しいバス路線のバス停の間隔を検討するときに、許可を得

て高齢者の日常生活を動画にとらせてもらう場合があります。「どれくらい歩いて、立ち止まり、休むのか」を動画に記録しておけば、バス停の間隔を決めるのに役立ちます。こうした動画データそのものは、数値化して分析できるものではありません。ただし、高齢者が歩行中に立ち止まって休む時間のように一部のみをきりとり、数値で分析は可能です。

また、新商品の開発では、市民を7ないし8人程度を会場に集めて、開発する分野の多くの商品群から普段どれをどういう理由で買うのか、また新商品の試作品を体験してもらい買う理由、買わない理由等を詳しく調査することがあります。そうした、グループインタビュー調査で記録した動画や音声そのものも、数値化して分析できるものではありません。

こうした定量データの行間にあるような人の心理や潜在意識、動画で無いとわからない事実等、数値化できない情報を定性データと呼びます。

データは大きく分けて「定量データ」と「定性データ」に分かれることを理解頂けたでしょうか。

その定量データもさらに2種類のデータに、定性データも同じくさらに2種類のデータに分けることができます。以下では、それを見ていきたいと思います。

2. 定量データの分類

定量データは、具体的に、次の2種類のデータに分類されます。

● 比例尺度

比例尺度は、数値の差と数値の比の両方に意味がある尺度のことを言います。例えば、身長が100cmから120cmになれば数値の差は20cm、

数値の比としては20%伸びたことになります。同じく120cmから180cmになったときは、数値の差が60cm、数値の比としては50%伸びたことになります。こうして、数値の差と数値の比の両方に意味があることがわかります。

● 間隔尺度

　間隔尺度は、数値の差に意味を持つ尺度のことを言います。代表例は温度です。5度と10度の数値の差（5度分の差）には意味がありますが、5度と10度の比率（5度と10度、2種類の温度が50%ずつになっている）には意味がありません。こうして、数値の差のみに意味があることがわかります。

3. 定性データの分類

　さらに定性データは、具体的に、次の2種類のデータに分類されます。

● 順序尺度

　順序尺度は、順序にのみ意味がある尺度のことを言います。間隔や比率には意味がありません。例えば、好きなゲームの順を1位将棋、2位オセロ、3位チェス、4位囲碁……というデータは、順序にのみ意味があり、好きな度合いの比較は順序から判断することは可能ですが、間隔や比率には意味がない点がわかります。

● 名義尺度

　データを分類するために、単に整理番号として数値を割り当てるものを名義尺度と言います。代表的な例は血液型で、A型を1番、B型を2

番、O 型を 3 番、AB 型を 4 番としてふった整理番号が名義尺度となります。要は、データを区分する目的でふる単なる番号でしかなく、数値の平均値等には全く意味がないことがわかります。

　まとめると、「名義尺度＜順序尺度＜間隔尺度＜比例尺度」の順に精度が高くなります。情報量が多い尺度は、情報量が少ない尺度を兼ねることができます。一方、その逆は当然ながらできません。例えば、年齢を 32 歳、36 歳、45 歳……というように具体的に数値で書いてもらえば、30 歳代 10 人、40 歳代 6 人というようにまとめられますが、30 歳代、40 歳代などに○をつけてもらった場合に、具体的な年齢は二度と読みとれなくなります。また、定性データも事前に調整すれば数値で定量データのように扱うことができます。
　今後、データを扱う上で上記の分類は最低限覚えておきましょう。

コラム

ビッグデータ

　最近、ビッグデータという言葉が新聞やテレビで見聞きされる様になりました。ビッグデータは、「インターネットの普及やコンピュータの処理速度の向上等に伴って生成される大容量のデジタルデータ」（朝日新聞『知恵蔵 2013』より）のことを言います。近年、ブログや Youtube 等の動画サイト、Facebook や mixi、Twitter 等の SNS（ソーシャル・ネットワーキング・サービス）、Suica 等の電子マネーの利用が進み、大量の文字・音声・写真・動画等のデジタルデータがインターネット上を飛び交っております。これらのデータは、まさしく大規模な社会調査が自動で行われていることと同意です。ビッグデータを分析すれば、人の移動や購買の状況、嗜好等を即時に把握する事が出来、マーケティングに役立てる事も可能となります。ただし、ビッグデータの売買が近年問題になっております。人の移動の状況や購買活動、嗜好等は個人情報そのものであり、集まったビッグデータを必要とする企業に販売する行為が社

会問題化しています。ビッグデータは誰のものか、という議論もあります。ビッグデータの使用方法については国民のコンセンサスも必要になっています。

第 3 章
データ分析を伴う研究の流れとポイント

本章では、データ分析を伴う研究の標準的な流れについて説明します。ただやみくもにデータを集めるのではなく、しっかりと以下のように研究計画を立て進めましょう。
　まず本書では、データ取得に際して学問的に極めて重要な社会調査の計画から、取得したデータの分析・考察、さらには、成果のプレゼンテーションまでの標準的な流れを示します。データ分析を伴う研究は、データの収集方法を確かなものにし、かつ信頼のあるデータを集めることが第一義です。信頼性の低いデータを分析しても意味がないわけですから、データの収集方法から分析、考察、まとめの方法までをしっかり本章で学んでください。

1. 研究テーマの絞り込みと社会調査の計画

　ここではまず、研究テーマの絞り込みとデータ獲得のための社会調査の計画について述べます。
　自分が解明したいテーマをじっくり見据え、いわゆる自分が行う社会調査の5W1H（Who、Which、What、Where、When、How）を決めていきます。そして、その計画が調査に答える人々のことも考えた倫理的配慮（調査対象者のリスク回避と人としてのルールに則った調査か）がなされたものであるかをしっかり点検するノウハウまでを述べます。
　一部、社会調査を実践する過程で、次の節の「社会調査の準備」とクロスオーバーするところがありますので、ぜひ読み通してください。

①社会調査で解明したいことの絞り込み－自分の研究のオリジナリティを－
　ここでもう一度、社会調査とは何か、原点に立ち戻りたいと思います。辞書をいくつか引くと、「社会調査」＝「物事の実態や動向、問題点等

を明らかにするための行動」と整理されます。社会調査で明らかにされた、物事の実態、動向、問題点は、やがて様々なものづくりや政策づくり、制度づくり等、多方面に反映されることになります。社会調査とはものづくりや政策づくり、制度づくりの方向性を左右する、重要なプロセスということになります。社会調査を実施する上では、調査の重要性を常に忘れてはいけません。例えば、

・高齢者や障がい者の意見を十分調査せずに作った駅の中のエレベータや誰でもトイレで、作った後に様々な問題が見つかり、結局、追加の改良工事を余儀なくされたケース。
・選挙の時に、投票会場で出口調査を行ったところ、十分なサンプルを得なかったために当落の予想を誤ってしまい、結果的に落選した人に当選確実という報道をしたケース。
・利用者の購買の意思を十分に調査せず、自動車が全く予想に反して売れなかったケース。（これはメーカー全般に言えることで、最近では、IT業界でも同様の事例が顕著です）

というように、社会調査の方法を間違えると、場合によっては社会を誤った方向に導いてしまうことすらあります。最近は、残念ながら、「社会調査をしておけば、何か結果が出てものが言える」というような姿勢が社会に蔓延しているのも事実です。例えば、社会調査さえすれば卒業論文・修士論文が書ける、というような姿勢はご法度です。社会調査やデータ取得・分析は、場合により、人や組織、さらには社会の意思決定をも左右する重要なものであり、様々な方向付けや意思決定に資する、意義深い活動と捉える事が調査者にはまず重要です。

　その社会調査の重要性に立ち返ると、質の高い確かな調査を行う上で、粘り強い姿勢が強く求められます。例えば、調査対象者のサンプリングは、選挙人名簿や電話帳を使って正確にリストアップする上で手間を要します。質問票を配布したり、街頭でインタビューをすると、拒絶に遭うことも多いです。協力する前提として、調査自体の意義やどのような

社会への還元があるのか、等のしっかりとした説明を求めてくる市民も少なからずいます。

　結局は、社会調査をする前に、自分の研究テーマにどれだけの愛情とコスト（必要な時間やお金等）を注ぎ込めるか、まず自問自答することが必要不可欠です。愛情とコストを注ぎ込めるテーマだからこそ、粘り強く質の高い確かな社会調査を遂行できます。我々研究者は、経験的にそれを痛感してきました。社会調査で、「解明したいこと」、「（今の自分が）解明すべきこと」、「（実際に）解明していること」が一致するように心がけてほしいと思います。それが幸せな研究生活と言えます。

　さらに、自分が納得する研究テーマを決める際に、オリジナリティ、つまり独創性や新規性があるかどうかも、よく検討しておいてほしいと思います。大学生が卒業研究をする際、大学院生が修士、博士研究をする際にも、指導教員が必ずオリジナリティを求めてきます。例えば、今日のようにユニバーサルデザイン化が進む前であれば、駅のエレベータの仕様を把握する調査は大変意義深いものでした。しかし、今日同様の調査を行っても、時代の要請を受けて、法令ですでに標準的なエレベータの仕様が決定されており、当然意義が薄れます。高齢化社会となり、バリアフリーやユニバーサルデザインに興味があるとしても、具体的に、どの部分に問題意識や関心を持ち、粘り強く調査の遂行にあたれるか、テーマの一層の吟味が必要ということです。

　実は、筆者（西山）は、交通環境のユニバーサルデザイン化をどのように進めたらよいのかについて、学部時代（まだユニバーサルデザイン化がそれほど進んでいない1998年当時）に関心があり、色々と社会の状況を幅広く調べていました。結果、行政や鉄道事業者、バス事業者の資金不足、エレベータやエスカレータ、ノンステップバス等の需要が具体的に判っていない上、誰も調べていない、日本のユニバーサルデザイン化の技術力が高くどの程度の市場を将来持てるかも誰も調べていない、ということが判りました。そこで「これから市民が公共交通のユニバーサルデザイン化に向け、どのような技術をどの程度必要としているか」解明すると、オリジナリティがあり、社会へも貢献できると思うように

なりました。施設の改良に向け、市民が税金や運賃をどれだけ将来に向け支払う意思があるか、全国的に調査しました。当時としては、ドン・キ・ホーテ的な試みでしたが、客観的に見れば独創性の強い研究として学会賞も頂くことができ、調査のテーマの重要性を改めて認識できました。

みなさんにもこのように誰もがやっていない社会調査は何か、吟味してほしいと思います。そして、オリジナリティあふれる、新しい社会調査でデータを獲得して、社会を変えていこう、という気概を持ってほしいと思います。

では肝腎のオリジナリティがあふれるテーマの絞り込みですが、

(1) 文献類の調査——興味を持った分野の書籍や、論文等をあたり研究テーマの動向を知る。
(2) 統計類の調査——行政や研究機関、企業が公表するデータベースで既存の研究動向を知る。
(3) 聞き取り調査——興味を持ったテーマに関し、身近な教員や専門家に動向を聞いてみる。
(4) モニタリング——行動観察、交通調査のように関心のある事象の現場を具体的に見続ける。
(5) ネットの調査——インターネット上にアップされている情報を調べ、研究の動向を知る。
(6) 講演等の視聴——第一人者が集まる学会やシンポジウムに出て、研究の最新動向を知る。

(1)～(6) により、基礎情報を集め、オリジナリティあふれるテーマを絞り込み、決定する方法が通常です。研究分野にもよりますが、これらのすべて、あるいはいくつかを組み合わせることで独創性あふれる社会調査のテーマを自分で決めます。大学生や大学院生であればゼミで、企業人なら会議で、という形でそのテーマをみんなの前で発表し、議論しながら正式に調査テーマを決めます。

自らが粘り強く関心を維持しながら質の高い社会調査を展開する上でも、このような独創性や新規性の高い調査テーマを慎重に決めることが、出発点として非常に重要となります。

②社会調査の前例がないかの確認
　　―「調査洪水」に巻き込まれないために―
　調査テーマのオリジナリティの重要性については、前記した通りです。しかし、独創性のあるテーマである、と自分の所属するゼミや企業の中で決定しても、やはり同じようなことを考えている研究グループは多少なりともいるものです。最近では、インターネットが発達して、大学のゼミや企業のグループくらいの単位で、研究活動の内容・進捗・成果等は、十分事前に調査できるようになりました。場合によっては、各ゼミや企業で行われている調査の内容やその結果に基づいて書かれた論文も、PDF形式等でアップロードされているケースが増加しています。特に社会調査を展開する上では、インターネットや図書館（メディアセンター）の論文データベース、前記した文献類の調査等を経て、過去に「同じ場所で」類似の社会調査が展開されていないか、にも十分配慮する習慣を身につけて頂きたいと思います。
　どうして「同じ場所で」とわざわざかぎカッコをつけて説明したと思いますか。答えは「調査洪水」という現象が各地で起っているからです。調査洪水とは何でしょうか。判りやすく言いますと、「ある回答者のところに、社会調査の協力の要請が同じ時期に集中する現象」と定義づけられます。例えば、現在のような携帯電話の普及を受け、将来の情報社会のあり方を探るために、新宿や渋谷で、若者に携帯電話の利用状況や今後に向けて欲しいニーズを聞く社会調査が一時期多くなされました。同じような社会調査が街頭でなされたとして二回目、三回目以降となると、回答者の回答意欲や真摯さも通常低下すると容易に想像されます。みなさんも、同じような質問をされたケースを想像してみれば判ると思います。
　こうして新宿や渋谷に来る若者が同じような調査に協力する形となり、調査洪水現象がおきました。タイムリーな研究テーマになると、ある回

答者のもとに、「同じようなテーマの」社会調査の協力の要請が「同じ時期に集中する現象」すら容易に起こりうるということです。だからこそ、できるだけ他の調査と被らないような、また回答者の回答意欲や真摯さを低下させないような適切な調査地の選定やサンプリングが、社会調査遂行上必要不可欠になります。新宿や渋谷のような多くの人が集まる場所では、街に集まる人で調査条件に合う人を確認し、比較的簡単に協力者を選べるために、色々な調査者が集まり、結果「調査洪水」になってしまう訳です。

できる限り調査洪水に遭わないようにするための工夫は、次のようになります。

【調査洪水を避けるための三つのポイント】
(1)【過去のデータの把握】他の競合しそうな社会調査が発生しないか、他のゼミや組織等の活動の状況をインターネットや論文データベース、文献等を見て事前に動向（公表される進捗）を把握しておく。
(2)【データ取得方法の検討】競合しそうな他のゼミや組織の社会調査がありそうな場合、他のゼミや組織が社会調査を展開しそうな場所（例：慶應義塾大学ならばキャンパスの最寄りの田町駅や日吉駅、湘南台駅等）を調査地から外す。また、時期や曜日、時間帯を考慮する。
(3)【対象者の背景の考慮】質問票を配布する時やヒヤリング等をする前に、過去に同じような社会調査に協力したことがないか、念の為に確認して社会調査の重複がないのかをよく確認する。

ところで、社会調査を展開する上で、特定の問題に対する日本全体の国民の意向を効率よく調査するためには、あなたならどうしますか。一番効率が良いのは、「日本全体の国土の縮図的な場所で調査を実施する」

ことです。関東で言えば、神奈川県の相模原市や東京都の国立市になります（平成25年現在）。要は、都市部と非都市部がバランスよく混じり、その人口の比率も日本の縮図的になっている、という訳です。筆者（西山）が、博士論文でこの件について書いた後、同じユニバーサルデザインのテーマで上記の場所で社会調査を行い、論文を書く学生が増えたことがありました。研究の先輩として良いヒントを与えることができたと喜んだ反面、このことを相模原市の社会福祉協議会に指摘され、調査洪水を引き起こしたのではないか、と少々心配になったエピソードです。関東で活躍されるみなさまで今後社会調査を考える方には、そうした相模原市や国立市は魅力的に映ると思います。ただし、相模原市や国立市の近くには大学や事業者も多数存在しており、調査洪水の可能性は、今後も十分に起こり得ます。こういう場合にも、事前に調査の前例や競合が起こり得ないか事前に下調べし、極力ランダムに回答者をサンプリングするような配慮が必要です。社会調査が意外に多く各所で実施されていることにも、十分気を遣いましょう。

③定量調査か定性調査か―目的に合った調査法を選択しよう―

　研究テーマの内容と調査を実施する意義が明確となったとしても、実際の調査には時間と手間がかかるものです。文献などを入手することに比べると、一般に実際の調査については、必要とする期間を多めに取ることが必要です。これは、調査に向けての準備期間、そして調査に協力してもらう人たちを手配する期間、および実施した調査データの集計と分析に必要な期間、など自分の都合ですべてをコントロールすることが難しいからです。

　したがって、実地調査を行うためには、時間と手間がかかることを考慮した上で、極力無駄を省くことができるように工夫することが必要となります。ここでは、掘り下げたい内容を効果的で効率的に行うための工夫を行うことにします。

　まず、どのような種類のデータが必要なのかを考えることが重要です。調査を通じてデータを集めることは言うまでもないとして、「量」を重視

したものが必要なのか、それとも、「質」に関するものが必要なのかについて考える必要があります。調査で入手するデータは、「定量調査」と「定性調査」に大別されます。以下、その特徴について学びましょう。

● 「定量調査」とは何か？

　「定量調査」とは、有効回答者の数を多くすることを通じて、全体傾向を把握するためのデータを獲得することを目指した調査を指します。定量調査では、選択肢方式の設問が中心の質問紙調査やインターネット調査を通じてデータを集めます。そして、統計ソフトを使用して大量のデータを集計・分析することで、回答の全体傾向をつかむ調査を指します。例としては、ある品物についてどのように思うかについて、全体の何％の人がよいと判断した（あるいは悪いと判断した）かについて集計をとる調査となります。

　この調査手法の特徴的なことは、有効回答を多く得られることです。今後開発すべき製品を決定するために、どの位の人のニーズがあるかを把握するためには有効な手法だと言えます。あえて簡潔にまとめると「社会の何らかの傾向を大まかにつかむ目的」で、定量調査は有効な調査手法となります。

● 「定性調査」とは何か？

　「定性調査」とは、回答者の数から傾向を知るのではなく、回答者がどのような回答をするのかという点に着目して、そのためのデータを集める調査です。代表的な調査としては、じっくり一つのテーマについて個人インタビューの形式で一人に聴くヒヤリング調査や、1グループ7～8人程度に、聴くグループインタビュー調査があります。

　また、調査用紙を用いる調査も、予め設定された自由記入欄に記述された内容については、改めて別に集計を行って深く考察するため、定性調査に属すると言えましょう。これは、定量調査では発見することのできない潜在的な人々の考えについて具体的に聞き出すことができるので、問題の解決に向けた回答者の本音を明らかにすることができます。まさ

に定性調査は、最大公約数的な問題発見ではなく、対象者の考えや気持ちに着目した調査法というわけです。

　研究の目的に沿って手法を決めて調査を実施します。場合によっては、定量調査と定性調査を組み合わせて一つの研究を進めていくことも多々あります。
　例えば、ある自治体が、高齢者の多い地域に路線バスを新たに計画しているとします。路線バスが走るルートの候補が3つあるとして、これを地域住民の意思も聞いてひとつに絞る上では、利用者候補である住民に希望する路線を質問票やインターネットで聞く、定量調査が役立ちます。一方で、高齢者対象の路線ですから、バス停の間隔やバスのデザイン（バリアフリーの仕様をどのようにするか等）、バスのダイヤ等は、利用者を表象する代表的なユーザーに、グループインタビューのようなデータの質を重視した定性調査を行う方が、より具体的なニーズを把握することができるため効果的です。こうしてひとつの問題解決をする上で、基礎的な傾向をつかむための有効回答の「量」に着目した定量調査と、有効回答の「質」に着目した定性調査があり、自分の調査テーマを鑑み、その時点で量と質のどちらに着目すれば良いのかを徹底的に検討してみましょう。また、上記の事例のように両者の併用がベターなテーマもありますから、周囲の人とも相談し客観的に決めましょう。
　最近では、携帯電話（スマートフォンも含む）の所有者が増え、これを活用した社会調査も行われるようになりました。例えば、携帯電話を利用して、協力への合意が得られている携帯電話のメールアドレスに、調査項目をメール送信して回答してもらう定量調査もあります。また、ランダムに携帯電話へ調査者が電話をして、その時点で「どこで、何をしているのか」、詳しく聞きとる定性調査も行われるようになりました。携帯電話やパソコン（インターネットも含む）、新しい情報通信技術の登場は、定量調査と定性調査の可能性を広げています。社会調査の研究では、こうした新しい情報通信技術を用いた手法の開発も進んでおり、研究者の楽しみのひとつになっています。

（参考）定量調査と定性調査の比較一覧表

	定量調査	定性調査
手法例	質問紙調査（2-③、3-①、4-①）＊	インタビュー調査（2-④、3-②、4-②） 参与観察（2-⑤、3-③、4-③）
概要	有効回答の「量」を得ることが目的の調査。色々な人に意見を聞き、問題を解決する上での対象者の傾向を大まかに把握する上で効果的な手法である。	有効回答の「質」を得ることが目的の調査。定量調査で明確にできない対象者の深層心理および考え方の背景にまで肉迫する上で、効果的な手法である。
長所	サンプリングを行い、調査対象である環境の縮図に近い状況を創り、データを収集可。有効回答を多くとれば調査対象全数の意見に近くすることも可。	対象者の本音を詳細、リアルに聞ける。単なる意見だけでなく、そこにいたる考え方や心理等も把握できる。対象者側の予想外の考え方等も発見しやすい。
短所	基本的に、選択肢方式が多くなる性格から、回答の裏に潜む考え方の過程や回答決定までの背景が掴み難くなる。さらに、質問票に記載した設問以外の情報が把握し難いことを覚悟すべき。	調査の実施にかける時間が多く必要になる。費用と時間、手間がかかることから調査対象人数が限定される。回答者の特殊な考え方や事情が回答に入る可能性も否めず、そこを覚悟すべき。
事例	街頭や会場の集合調査、交通量調査等。	自由回答調査、行動追跡調査等。

＊ 2-③は、本章の2節3項を参照という意味。他も同様。

④調査にあたっての「5W1H」の整理

――回答率をあげるポイントをおさえよう――

　ここまでで調査を実施することの意義、テーマや内容の意義、調査の方法として、主に定量調査と定性調査のどちらか、あるいはその併用をするのかについて学び、計画の大筋を考えられるようになったと思います。

　ここでは、さらに実際に調査に参加する人に対する親切な質問の仕方について考えてみましょう。調査に対して積極的に協力してもらうための工夫によって、よりよい回答の獲得を目指す上で必要です。これは、回答者に皆さんに対して協力的になってもらうための気配りとなりますし、結果として、調査を行う私たちにとっても、より質の良いデータを獲得できるというWin-Winの関係を目指すものになります。

　このような調査をするにあたってすでにお気づきのことと思いますが、調査を実施するには、マネージャー的なセンスが必要とされます。すなわち調査にかかる費用を管理する能力、調査のスケジュールを管理する能力、調査の協力者を集めて調査を実行する能力など、調査行程をすべて管理運営する能力が求められるのです。これらの作業は皆さんにとっては大変だ

と思いますが、自主的にすべてを把握できるよう準備をしましょう。

【社会調査の計画を具体化させる上での5W1H】
(1) どのような手法か (How)
　これは、研究調査を行うときに、どのような研究手法を選択するかについて検討することを指します。すなわち、自分の研究テーマに対して適切なデータを集めるには、定量調査と定性調査のどちらか、あるいは両方必要なのかについて検討することとなります。これは、実際に行う調査の全体計画を考える上で非常に重要な内容となりますので、最初に検討します。
(2) 誰を対象にするか (Who)
　適切な社会調査の手法が決まった次に考えることで、調査に参加して回答してもらう人をどのように構成するかを決めます。すなわち、どのような人を対象としてどのくらいの人数を集めるのか、そのためにどのくらいの時間がかかるのか、調査についてどの程度の費用が発生するのか、などについて検討します。
(3) どの地域で聞くか (Where)
　三番目に、調査を行う場所を決定します。調査の目的を達成するために、どの場所で調査を行うことが最も適切なのかについて考え、調査を実行する場所を決めます。ただし、地域調査などで対象となる場所が既に決定している場合は考える必要性が小さくなります。
(4) いつ調査をするか (When)
　意外に日時を軽視する人が多いのですが、調査を行うときにいつ調査を行うかについて配慮することは非常に重要です。例えば、午前9時前に鉄道駅での調査を行うとして、おそらく、調査を実施する時は、対象者の多くが通勤途中の会社員でしょう。一方、同じ場所でも午後2時頃に同内容の調査を行った場

合は、きっと会社員が主な対象となることにはならないでしょう。対象者は、同一の場所でも時間帯でその構成が大きく異なります。したがって、誰を対象とするかについて考え、その対象となる人々がどのようなスケジュールで行動するかについて考慮した上で、調査を行う時間を決定する必要があります。

　例えば、地域の交通計画を考えるための街頭調査をする場合、専門家は月曜日と金曜日は調査の候補日から外します。その理由は、週始めの月曜日と週末の金曜日は、対象となる地域の住民が出張や旅行で離れている場合が多く（一方で、その地域に住まない人が多く街に流入している）、効果的で効率的に意見を聞ける可能性が低下するからだと言います。これはあくまで一例ですが、調査に回答をしてほしい人の行動特性等もよく見極めながら、なるべく短い時間で質の高い有効回答を得られる時間帯を考えることが必要です。

(5) 何を質問するのか（What/Which）

　そして、何を質問するのかという具体的な質問内容について、よく検討します。これは自分が何を聞きたいかを考えることはもちろんですが、回答に協力してくれる人を協力しやすい状況にするために、協力してもらえる時間などの制約などを配慮した上で最終的に決めていくことになります。

　また、自分が聞きたいことは何か、どのような項目を聞けば自分の問題意識につながる答えをしてもらえるのか、そのためには、どのような聞き方をするのか、について考えておく必要があります。

⑤調査に回答・協力してくれる人や組織
　－調査の質と量を豊かにする人々を探そう－

　社会調査の「5W1H」まで計画できたら、調査に回答してくれる人を

実際に探す段階になります。まず筆者（西山）のような社会調査の専門家が行う場合、これまでいわゆる「選挙人名簿」や「住民基本台帳」を閲覧してきました。質問紙調査やヒヤリング調査への協力を依頼する人をランダムにサンプリングするために、サイコロを使い、出た目に従い、名簿リストから表に整理する形をとってきました。日本国内でも、これまで多数の社会調査が公的機関および民間機関で多数行われてきました。調査者の多くは、住民基本台帳や選挙人名簿等を利用・閲覧し、無作為標本抽出の手法（ランダムサンプリング）に従い、統計学・確率論に基づいて正確な調査対象者名簿をまとめ、それを活用して社会調査を遂行してきました。

この学術的慣習を守れば、国際会議レベルで通用する調査となります。筆者（西山）は、博士論文の研究で、交通バリアフリー改良工事に対する市民の支払意思額を全国規模で調査しました。これは、選挙人名簿からランダムにサンプリングして時間と費用をかけた質問紙調査でした。研究の成果を国際会議で発表したところ学術賞を得たのですが、その時の経験談からすれば海外の研究者も「しっかりとした質の高い調査を世界的にも初めて行った」と、高く評価してくれました。こうしたランダムサンプリングに基づき、真摯に社会調査を進めていくことが、テーマの実態の把握に最適ということです。

しかし、2005年には個人情報の保護に関する法律（いわゆる個人情報保護法）が成立しました。まさに、国民のプライバシーに対する関心の高まりを受けたものです。これにより現在住民基本台帳は、公益性のある統計調査・世論調査・学術研究、公共的な団体が行う地域住民の福祉の向上に寄与する活動、官公署が職務上行う業務にのみ閲覧が許可されるように変わりました（2006年11月）。選挙人名簿にしても、同じ背景から、統計調査・世論調査・学術研究他の調査研究で、公益性が高いと認められるもので、政治・選挙に関するものを実施するために閲覧する場合、とかなり閲覧の幅が限定されました（2006年11月）。

また、選挙人名簿は各種選挙前後等の台帳整備時期もあり、上記の目的にあった場合でも調査を行う地域にある地方自治体の選挙管理委員会

に、逐次確認をとる必要があります。

　その他に、電話帳を利用したサンプリングもよく使われております。掲載が許可されている人から、ランダムにサイコロ等で出た目にしたがって調査への協力者を抽出する方法です。掲載を許可していない人にも協力してもらえるように、近年では電話番号を乱数の利用で無作為に抽出し、自動または手動で電話をかけ、回答してもらうような調査プロセスも出てきました。皆さんの所にも、テレビ局等から支持政党の社会調査等で電話が突然かかったことがありませんか。この種の調査をRDS：ランダム・デジット・サンプリングといいます。

　さて、大学院修士課程以上の学術研究やその他の研究機関、公的・民間機関が調査者である場合は、調査結果の信頼性を高める上でも上記のような回答者サンプリングの費用及び時間を惜しんではいけません。しかし、大学の学部生にとっては、ややレベルの高いことだと思います。そのため、ここからは学部生のゼミ等で、社会調査の結果を極力客観的に得られる方法について述べます。
　ここで、調査結果の客観性と信頼性という観点から調査対象者選定の方法を整理します。

【調査対象者選定のレベル】
レベル　　対象となる全員に聞く（悉皆調査）
　高　　　→選挙人名簿や電話帳からサンプリングする
　↕　　　→街頭で条件に合うかを聞き回答を依頼する　★1
レベル　　→知っている組織の中等で協力を得る　★2
　低　　　→友達やサークルの伝手を利用して依頼する

　学部生の初期レベルであれば、★1「街頭で対象者の条件に合うかを確認し、合っていたらその人に協力を依頼する」あるいは★2「知っている組織の中等で条件に合致する人を極力ランダムに選び協力を依頼する」という方法で社会調査を計画するのが良いと思います。両者とも、

定量調査と定性調査のどちらにも有効ですが、定性調査は回答にも時間や手間がかかりますので後者（★2）を軸に計画し、調査を行う場所や時間等も含めて総合的に考えます。

　街頭で行う場合の注意点は、道路管理者の許可をとることです。また、駅構内で社会調査をする場合は、必ず事前に鉄道事業者に主旨を説明して指定された時間や場所でのみ、調査を行います。適当な組織（スポーツ活動や趣味のグループのように、比較的多様な人が集まる組織）を知らない場合は、早めに教員や友人にも確認して見つけることが大切です。依頼の方法等は後述しますが、協力依頼にも時間がかかるので早め早めに準備をするように心がけてください。最後になりますが、「友達やサークル等の伝手（要は知り合い）を利用し依頼する」方法をとると、調査者のことを知っているため、気をつかって故意に論文を書きやすいような回答をしたり、自分達に有利となるような回答をするケースがあるので、こうした手法は自ら避けてください。

⑥調査の倫理的配慮——回答者が安心して協力できる調査にしよう——

　実施する社会調査の「5W1H」を中心にした計画が固まったら、回答者が安心して社会調査に協力できるよう、倫理的に問題がないか検討します。近年では、学会や調査を行う企業、行政も概ね次のような倫理規定項目のリストを作り、調査前に倫理的問題が生じないか、調査担当者に確認させるようになりました。やみくもに調査者の論理で押しつける形ではないよう、社会調査とデータの獲得をする上で皆さんにも早い時期から倫理的配慮を忘れないようにしてほしいと思います。あくまで調査に回答する人の立場に立った調査計画をすることがポイントであり、調査回答者にも次の点で倫理的配慮を行っている点を説明するようにしてください。

【社会調査の倫理的配慮項目のリスト】
＜巻末附録：チェックリストを参照、p.175＞
（1）サンプリング段階の倫理的配慮
・法令遵守——国や地方自治体等の法令を遵守する（例えば、住民基

本台帳等の閲覧で遵守)。
- 調査対象者名簿の管理――住民基本台帳等の閲覧で作成した調査対象者名簿の厳重な管理。
- 目的外使用禁止――サンプリングで得た個人情報の用途は当該社会調査以外に使用しない。

(2) 調査実施の依頼時の倫理的配慮
- 調査の連絡と依頼――調査の前に対象者へ社会調査の実施の連絡および協力の依頼を行う。(心の準備のための期間を設ける)
- 目的、調査、連絡先の明示――調査者は必ず調査の目的と主体、その連絡先を明確にする。

(3) 調査の準備段階での倫理的配慮
- 人権の尊重とプライバシーの保護――調査対象者に協力を強制しないなど、人権を尊重する。また、個人情報の漏えい防止を徹底して、プライバシーを保護する。
- 調査対象者名簿の徹底管理――個人情報の紛失や内容の漏洩が生じないように管理を徹底する。
- 調査員の研修と手法の周知――調査員を用いる場合は、倫理的配慮について研修と手法の周知を行い調査者の格差を無くす。

(4) 調査の実施段階での倫理的配慮
- 匿名性の確保――回答者が特定されないように社会調査の実施段階で十分な配慮を行う。
- 調査への合意取得――調査対象者に十分調査内容を説明し、同意に基づいて調査を実施する。
- 調査対象者の不利益回避――調査対象者が不快感を抱いたり不利益を被ることは回避する。
- 調査対象者の中止の自由――調査対象者が調査を中止したい時は、その意志に従う。

- 疑問への対応──調査者は対象者から寄せられる疑問や苦情等に対して誠実に対応する。
- 守秘義務──社会調査の実施過程で知り得た調査対象者に関連する情報すべてを守秘する。
- 差別の禁止──対象者を性別、年齢、国籍、障がい等の要因によって差別的に処遇しない。
- 調査員の証明──全調査員に身分証明書を常時携行させ、求めがあれば身分を明らかにする。
- 不正な記入の防止──調査員は、質問票やインタビューシート、観察記録等に不正な記入(いわゆるメイキング)を一切行わない。

(5) 調査実施後の倫理的配慮
- 質問票・インタビューシート・観察記録等の管理──記入された質問票・ヒヤリングシート・観察記録等について、研究代表者が厳重管理できる体制を整備する。
- 個人情報の管理──質問票・インタビューシート・観察記録等の個人を特定できる部分について厳重に管理する体制を整える。
- 電子データの管理と匿名性確保──回答内容の電子データ化では、個人を特定できない様コード化する。インターネットとも切り離し電子ファイルを研究代表者が責任をもち管理する。

(6) 結果公表時の倫理的配慮
- 公表すべき事項の整理──調査の題目、目的、調査主体、サンプリング方法、調査方法と時期、調査の具体的な内容、分析結果、結果考察、付属資料としての生データ等を公表内容に含める。ただし、回答者や組織が特定されないよう、あいまい化(例:神奈川県を関東のA県と表記する)等、表記を配慮する。
- ねつ造の禁止──調査データや結果等をねつ造せず、考察も複数人により客観的に実施する。
- 差別の禁止──性別、年齢、国籍、障がい等の要因によって差別的

な結果表記を行わない。

　最近では、大学・研究機関や行政・企業の中にも、社会調査の倫理的規定、倫理的配慮ができている調査計画かを判定する委員会（いわゆる研究倫理審査委員会）を設けるケースが増えてきています。社会調査の計画をしたら、外部の視点でそれを評価してもらうことも重要です。

2. 社会調査の準備

　この節では、社会調査の準備のプロセスについて述べます。実際に社会調査を行う場合には、計画として社会調査のグランドデザインを描くときに、準備を並行的に行う必要が出る場合もあります。一番よくあるのは、前節の⑤や⑥のように、調査協力者への依頼時及び倫理的配慮の評価の折に、すでにほぼ完成した社会調査の質問票やグループインタビュー項目シート、ヒヤリング項目シート等の提出を求められることがありますので、前節と共に読んでください。

①調べたいことすべての洗い出し－とにかく聞きたいことを書き出そう－

　定量調査の質問票やコンピュータ上での質問画面、定性調査でのグループインタビュー項目シート、ヒヤリング項目シート、観察項目シート等を準備する場合、まず質問したいと思う項目をじっくり考えて、書き出すようにしましょう。書き出す場合は、調査項目が適切なものであるか、他の人も交えて確認や議論ができるようにすることがポイントです。

　そうした意味から捉えれば、自分だけが判るように、ノートやリポート用紙に調査希望項目を書き連ねる方法は、周囲の仲間との情報共有や議論、後述する調べたいことの重みづけ等がしづらくなり、あまりおす

すめできません。実は、おすすめなのが、意外に原始的と思われるかもしれませんが、大きな模造紙を買ってきて付箋紙（商品名で言えばいわゆるポストイット等）に調査したい項目を書き出して、模造紙にどんどん貼っていくやり方です。

　もちろん、マイクロソフトの「Excel」のような簡単に操作できる表計算ソフトに書き出し、インターネット上で情報の共有や議論ができるからそちらの方がよいのでは、と思われるかもしれません。ところが社会調査は、市民に意見を聞く重要な社会的役割を持っていますから、より多くの人々に調査内容を見て貰い、調査の役割や意義を高められるように直接調査内容に関連する議論を最低3回は行う必要があります（筆者の経験もふまえての数字です）。模造紙と付箋紙を使う方法は卓上にて皆が議論し易いというメリットがあります。質問項目を簡単にリストアップしていける上、模造紙に大きく見える化されるため、また参加者のコンピュータのリテラシーの水準も関係ないため、議論ならではの情報（コンピュータ上の議論では出てこないニュアンスや思いつき等）が得られ、質問内容の精選にも効果的です。こうしたきめ細かい原始的な作業も、社会調査では大変に重要です。

　最近では、まちづくりの基本計画の策定に向けて、地方自治体がランダムサンプリングした住民グループに、特定の政策テーマや今後住民ニーズを聞くべき項目等を集中的に検討させるワーキングを立ち上げるケースが増えてきました（例：神奈川県小田原市のトライ・フォーラム等）。トライ・フォーラムでは、今後住民に聞くべき政策テーマ等を模造紙の上に付箋紙を貼る形であげていきました。この方法について、筆者（西山）が参加者にヒヤリングをしたところ、「気軽に聞きたい項目をあげていける」、「付箋紙をきっかけとして、色々な市民と議論がしやすくなる」、「コンピュータ上では判らないメンバーのニュアンスや思いつき、付箋紙と付箋紙の行間から出る情報も容易に得られる」という意見が得られました。今後調査するべき政策テーマの洗い出し等にもメリットがあることが判りました。

　こうして模造紙の上に付箋紙を貼る方法は、調査項目の精選に効果的

であることが判ります。皆さんの場合も、大学の研究室で教員や仲間と、同じようなワーキングを社会調査項目の決定に向けて実践してみてください。前述のようなコンピュータ上での議論も一定の成果は得られますが、あくまでそれは補助的な手段とした方が良いです。調査項目の決定までは、全面的にFace to Faceの議論を前提にして進めることを強くおすすめします。それで客観的に調査の意義や役割を高めていきます。

②調べたいことの重み付けと絞り込み
―答えてもらえる質問量まで吟味しよう―

模造紙に付箋紙で聞きたい項目をあげ、たくさん聞きたいことが出たとしても、質問事項を絞り込む必要があります。なぜなら社会調査を行う際に回答する人の貴重な時間を頂戴している、ということがあるからです。大学院の修士以上の研究や企業・行政の研究で、一定の調査費用から回答協力への謝礼を多めに出すことができれば、ある程度の回答への拘束もかけられます。しかしながら、大学学部生のケースでは、謝礼分の予算の獲得も難しい場合が少なくありません。

通常、定量調査で質問票やコンピュータ上の質問画面での回答を考える場合は、長くても30分で終了可能な質問量に抑えます。一方、定性調査のグループインタビュー、ヒヤリングでは、長くても90分で終了可能なように質問項目を抑えるようにします。上記の時間制限を考慮しながら、調べたい項目の重みづけと絞り込みを行います。ここで、模造紙と付箋紙を用いて、関係するメンバーで重みづけと絞り込みを客観的かつ慎重に議論していきます。

一般的には、付箋紙に書いた調べたい項目を重要な順に「松→竹→梅」という形でグルーピング（仕分け）します。そして、回答者の年齢・性別等の属性に関する質問も考慮して、定量調査の場合は30分で回答できる質問量、定性調査の場合は90分で回答できる質問量に絞り込みます。松グループの項目だけで早めに回答が終わってしまいそうなときには、竹グループから質問の優先度の高い項目を繰り上げて含めるようにします。一方、松グループの項目だけで規定の時間を超えてしまい

そうな場合には、松グループの優先度の低い質問項目をカットするようにします。規定時間と質問量のトレードオフを調査項目の決定過程では、常に意識する必要があります。後述する「質問票の作成」、「インタビューシートの作成」の後には、本調査の前に、プリテスト（事前の模擬調査）を行い、本調査がスムーズに進行するかを確かめます。その過程も視野に入れ、本段階から本調査のイメージを描きます。

　学生に調査項目を決定させる上では、必ず上記のような客観的、かつ公正的な議論と検討を指示しています。確かに面倒臭そうに見えますし、時間もかかります。しかし、この作業は調査項目の内容について妥当性を確保する重要なステップですから、必ず行う必要があります。このプロセスを指導することで、学部生や大学院生は毎年「この方法で聞きたい項目を仕分けしたので、自分の解明したい項目がクリアになった」、「付箋紙と付箋紙の行間にある、重要な質問項目を新たに発見できた」、「研究室の仲間に重要な質問項目を指摘してもらえた」という感想を残します。皆さんも一度経験すればその意義が判りますのでぜひ実践してみてください。

③定量調査：質問票の作成──事例から学ぶそのポイント──
　ここでは、定量調査で用いる質問票作成のポイントについて述べます。過去に実際に用いた質問票をもとにしてご説明をしたいと思います。
　＜巻末附録：質問票を参照、p.146＞

【質問票の見た目や表記に関する大前提】
(1) 言葉遣いのレベルについて
　質問票の作成にあたって、言葉遣いについて配慮することは重要です。それは、このことが回答者に質問内容をわかりやすく伝えることができるかどうかに影響を与えるからです。では、どのように気をつけたらよいのでしょうか。
　一般的には、小学校高学年（11歳〜12歳）の生徒に伝えるつもりで言葉を選んで文章を書けば、大体の大人にも意味が通じる質問票になる、

と考えて言葉遣いや内容の説明を行うように注意してください。実際のところ、質問を受ける人々のバックグラウンドは実に多様ですので、質問をする人にとっては常識と思っている事柄でも、回答者が難しいと思う可能性があることを意識する必要があります。特定のテーマに精通する専門家にとっても、自分の専門外のテーマになると用語が難しいため回答する気が失せる質問票が多々あります。例えば、社会調査の用語ならよく知っていたとしても、難解な医学用語を説明なしで出されたら質問者の意図を理解できないこともあります。質問票全体の言葉遣いについては、とにかく易しく、誰が見ても判るような用語だけを使うことが大原則となります。難しい用語かな、と自分が感じたら小学校高学年用の国語辞典に立ち戻ってみてください。

(2) 使う字体について

せっかくですから、用紙に使うフォントについても注意を払ってみましょう。これは経験則になるのですが、社会調査の専門家の多くは「HG丸ゴシック M-PRO」（←実際の字体です）を用いることを推奨しています。実際に、たくさんの質問票を高齢者や視覚に若干の障がいを持つ方たちに配布して回答してもらった時に、回答者となる高齢者や障がい者から「HG丸ゴシック M-PRO」のようなフォントが、長時間読む上でも目に優しく、質問票に親しみ易い雰囲気があるという声を多くもらっています。強調すべき部分はともかく、通常の文章は「HG丸ゴシック M-PRO」の利用をおすすめします。質問票にもバリアフリーな観点を織り交ぜることが今後は重要です。

(3) 字の大きさについて

できれば11pt以上を通常のフォントにするのが良いでしょう。筆者は10.5ptでもこれまでかなりご批判を頂いた経緯があります。コンピュータやテレビ等の普及で、視力が落ちている人も多数社会にいます。字が小さいだけで、質問票を読む気が失せる場合も容易に想定されます。見た目や表記という表向きの観点で、「もうこの質問票に回答する気はな

い」と思わせては大きな損失です。まずは上記の3点を大前提として、質問票を作成しましょう。

(4) ボリューム感（回答時間や用紙の使用）への配慮について
　回答を行う立場になると、当然ながら回答にかかる時間がまず気になります。あくまで1つの質問票の回答時間は、30分がひとつの最大回答時間の目安になります。あくまでも筆者の経験的目安ですが、シンクタンクや調査会社のアドヴァイザとして、様々な調査企画を見直すと、30分を超える調査には謝礼額を標準より上げないと、極端に有効回答率が低くなる傾向が見られます。要するに、回答者が30分以上もかかると、拒否反応につながるということが、この傾向に反映されており、プリテストで平均回答時間がどの程度かを把握し、30分を超えるようなら質問の量や内容を精選する必要性があるということになります。
　また、見た目も大事です。原則は、用紙の枚数が少ない方が心理的負担が減り、回収率も高くなると言われています。用紙も標準的なA4の利用がベターです。B5はスペースが小さくなり枚数の増加につながりますし、B4やA3は折り込まないと普通のバッグにはしまいにくいサイズとなり、あまり好まれません。ゆえに、現状ではバッグにも折らずに入れやすいA4がもっともよいサイズとされており、それなりに情報量も盛り込めて使い勝手がよいです。枚数が多いことが、見た目の心理的負担につながるので、できるだけ表裏の両面印刷も使い、とにかく回答者のやる気を向上させることも必要です。
　社会調査、特に質問紙調査は回答を行う人のやる気を高めるいわば心理戦の部分もありますので、この点に十分気をつけて質問票の設計を進めてみてください。

【協力を依頼する上でのテクニック】
(5) 調査タイトルのすぐ下に明記すべき「調査の主旨」
　さて、今までは質問票を作成するときの見た目の注意をしてきましたが、これからは実際の質問票のページレイアウトを含む作成について考

えてみましょう。

　調査のタイトルを大きく記し、その下に質問票で何を解明するのか、まずはその目的と質問内容を明記します。社会調査の中には、真の調査の目的を知られないように行い、市民の深層心理を把握するものもあります（例えば、「旅行や出張の調査」を表向きの目的にして、実は「公共交通の嗜好に関する深層心理」を調べており、公共交通事業のマーケティングに結果を使う事例等があります）。ただし本書が主な対象としている大学生や大学院生の皆さんは、そうした高度なテクニックを用いる調査を行うことは少ないでしょうし、まずは目的と質問内容を明らかにすることを基本的な素養として、調査の主旨に理解を求めるように努めましょう。特に、調査結果をどのように発信し何に役立てる予定かを明確にすると、回答者も「この調査に協力すれば何かが変わるかもしれない」と思い協力をする気もアップします。しかし、市民に過度な期待をさせる内容だと回答の内容を意図的に変える市民も増えます。例えば、「新しいバス路線の開設に調査結果がつながります」と言い切ると、路線予定図の近くに住む人が、騒音防止の為に新設へ否定的な意見ばかりを並べる、というような傾向があります。「この調査の結果、バス路線が変わる可能性があります」というように、言い切りをしないのも、市民の客観的な判断を促す上で重要なテクニックですので忘れないでください。また主旨の分量も、読む気が失せないように簡潔にまとめ、標準では10行以内にしましょう。

(6) 社会調査の実施者・連絡先等の明記

　調査の主旨をまとめたら、そのすぐ下に、社会調査の実施者氏名（所属先も）と常時連絡のとれる住所・固定電話番号・E-mailアドレスを明記します。本書が主な対象とする大学生や大学院生の場合には、研究室の指導教員の情報も併記することが基本であり、それは社会調査そのものへの信頼性向上にもつながります。住所は研究室等の住所を、電話番号は研究室内の固定電話の番号を、E-mailは大学ドメインのアドレスを記載します。質問票を配布された人からの印象を良くする上でも、携帯

電話の番号やE-mailアドレス、私的なパソコン用のE-mailアドレス等は用いないように注意してください。この点の配慮を欠いてしまうと、回答者やその家族らが疑問や不信感を持ち、協力を得にくくなる場合も少なくありません。これらの情報記載にも十分注意してください。

(7) 社会調査で得られた情報の保護についての明記

さらに、社会調査の実施者、連絡先の下部には、社会調査で得られた各種情報の保護について、明記しましょう。得られた情報から個人が一切特定できないように入力・分析・考察を行うことや、個人情報が特定できないような質問票の保管についても約束事を明記してください。すべての情報を統計的に処理して、結果も主旨で述べた目的以外で一切用いない旨も明記してください。最近は個人情報保護の流れも強まっており、信頼性獲得のため注意を払ってください。

【質問の構成と聞き方のテクニック】
(8) 質問の順番やストーリーを事前にまとめることが大切

さてここから実際の質問の話に移りますが、質問を用紙に配置する上でも一定の流れがあります。ここでは、レイアウトで気をつける基本的な点についていくつか指摘します。

●フェイスシート（回答者の属性に関する質問）は質問票の最後におくこと。

最初に伝えておきたいのは、通常フェイスシートと呼ばれる回答者の属性に関わる質問は、通常、質問票の最後に配置します。これはなぜでしょうか。それは、回答者の属性を聞くことはプライベートに気にしていることを聞いていることと同意で、最初においてしまうと、回答率が下がる可能性があるからです。いくら個人情報を保護すると依頼文で断ったとしても、冒頭部分に、回答者が個人的に気にする可能性が高い項目を配置しておくことは、回答に協力しようとする人の意欲をそぎます。

個人が気にする属性に関する情報の例としては、女性の場合は、年齢を回答するのに抵抗があると言われています。また、男性の場合は、年収を聞かれるのに抵抗を感じる人が多いと言われています。現在の不景気で、賃金カットが社会的に問題となっていますが、そうした中ではなおさらのことです。

しかしながら、「最後に失礼ですが……」と聞かれた場合、最後まで質問に対して回答は行っているし、丁重に聞かれているので書いて提出するか、という気持ちになるといいます。

こうした回答者の気持ちに立って質問のストーリーを作り、質問を配置するように努めてください。

● **回答については、回答しやすい項目は前の方に、回答に深い思慮が必要な質問は後に配置すること**

また、全体のストーリーを考える上での話なのですが、一般に、回答がしやすい設問とよく考えた上でないと答えにくい設問があります。大抵の場合、前者は Yes、No がはっきりしているかたちとなっているものが一般的です。それに引きかえ、後者については選択肢の幅が広かったり、自由に記述してもらったりする設問です。このような場合は、回答のしやすいものを最初に置き、少しずつ難易度の高い設問を配置しておくようにします。いわば、最初の方の設問では準備体操的に設問の世界観になれてもらうための簡単な設問とします。その上で、熟考の必要な設問を後半においてじっくり考えた上で回答してもらう、という方が、回答者への負担感も軽減されます。

例えば、駅の改良に関する社会調査で、駅の普段の利用状況や駅ナカで好きなお店等は、簡単に普段の生活状況から回答できます。しかし、経営が厳しい鉄道事業者に対し、改良に向けてどのくらいの支払意思があるか、とか、これからどのような活動に駅を使ってみたいか、という内容の未来に向けた意見を求める質問は、回答に熟慮が必要になります。こういう考えさせる質問を極力後部に持っ

てくるような配慮等も必要になります。人を相手にする調査だからこそ、調査実施者も相手の心や負担を読みながら質問票を作りましょう。あわせて、質問内容をカテゴライズ（＝領域化）して、質問同士の関連性も考えておきましょう。回答者が混乱しないように、質問の領域が近いもの同士を近づけて配置することも大切です。

(9) 選択肢の質問に関するテクニック

質問票を作成するときに、選択肢から適切な答を選ぶ質問を作成することがあります。これは、一般的に使われますし、回答者にとっても記述するより答えやすいということで頻繁に使われます。ここでもいくつかの場合を考えてみましょう。

●一般的な選択肢をあげる場合の注意点

まず、一般的な選択肢式の質問について考えてみましょう。例えば、「商店街の中にあるお店で、先週一週間の内に利用したお店をすべて選んでください」というような形態の質問を取り上げます。ここで以下の事柄に配慮してみることが大切です。

まず、選択肢を並べるときに気をつけてもらいたいのは、色々なお店の名前のすべてに目を配ってもらえるように、ランダムにお店名を配置することです。調査実施者としては、五十音順になっていたりするとデータを扱いやすい部分もあります。しかし、行ったお店をできるだけ多く思い出してもらうという目的のためには、整然とした五十音順に並んだ選択肢の配置よりも、記憶を呼び起こさせられるランダムな選択肢の配置が有効です。

●程度の違いを選択肢から選んでもらう場合の注意点

選択肢を使う質問の中には、何かの程度や尺度を知るための設問があります。例えば、ある商品の画像を見てもらった上で、どの程度好きなのか（嫌いなのか）について質問する場合があります。ここでは、嫌い・やや嫌い・どちらでもない・やや好き・好きという

感じで尺度にしないことがポイントです。すなわち、「どちらでもない」を選択肢に入れずに必ず、意見をはっきりさせる聞き方をしなさいということです。

　一見、迷った人のために「どちらでもない」を真ん中に入れた方が親切な質問票のように見えますが、「どちらでもない」を入れると、判断できない多くの人もここに〇をつけることが、多くの研究者の経験からも判っています。そのためしっかり結論を出し、回答してもらうためにも、嫌い・やや嫌い・やや好き・好きの４段階とする方が、回答者に決断を迫ることになりますので、最終的にはより適切な結果を導きだすことが多いと考えられます。

　実際に、多くの調査で、判断がつかないためどちらでもないに多くが回答した、という事例は頻繁に聞かれます。このような場合は、おそらく、「どちらでもない」を多くの人が選択した結果、研究者がこの設問から何かを読み取ることが難しくなります。

　さらに追加するならば、既に世間で確立している一般的イメージを踏襲することは大切です。例えば、「左右」という言葉に代表されるように、人間の思考は左から右にプラスイメージで移っていく傾向があります。この様子を受けて、選択肢を配置する時は、左から右にかけて、マイナスのイメージからプラスのイメージへと（悪い→良い）、流れるように選択をもうけるように心がけましょう。

(10) 回答者の意見や主張をすべて受け止められる質問票にするテクニック

　社会調査に回答をしていると、どうしても調査テーマに関して意見や主張をしたいことがしばしば起きます。例えば、バリアフリー関係の調査では、高齢者や障がい者の方の拘りが強い分野ですし、改善に向けて日々抱いているアイディアや不満等を所狭しと空白部分に回答してあるのをよく目にしてきました。そうした自由回答にも、研究の参考になる情報や将来に反映させるべき有用なアイディアが含まれている場合が多々あります。むしろそういう自由回答にこそ真実がある、とも言えます。そのため、皆さんにはフェイスシートの前に「この質問のテーマに

関して、その他意見等があればご自由にお書きください」というように自由回答欄を設ける配慮を早くから身につけて欲しいと思います。さらに、文章だけでなく絵を描いてもOK、とすることは文章を書くのが苦手な人からも意見を集められますし、文章では表現しにくい、あるいは伝わりにくい情報をも得ることができます。

(11) 回答する際の判断情報の吟味

　質問票には、参考資料を提示して考えてもらう場合も多々生じます。

　例えば、今の店舗と新しい店舗の完成予想図を並べて、新しくなったらどの程度店舗に訪れたいですか、と聞くとします。その場合に、新しい店舗の完成予想図が実際の計画よりも綺麗で、かっこよく見えたら、回答が実態と異なる場合が想定されます。あるいは、今の店舗が実際より汚く、古く見える画像でしたら、新しい店舗との差分が強調され、やはり回答が実態とは異なる場合が想定されます。こうして、状況変化等をイラストや画像で補助的に説明して判断を求める場合も多々出てきますが、過度な表現になっていないかの事前のチェックを関係者で行うことはポイントですので忘れないでください。

　また、「地域の自然を保護する上で○○の施策を実現するためには、市民一人あたりで税金△△円を一年間に支払えば可能になりますが、この政策に賛成ですか、反対ですか」と聞くとします。最近は、政策の意向調査でこうした質問項目も増えています。同じ目的（ここでは地域の自然保護）を実現する上でも他の方法や主体で進めれば一人あたりの負担額が明らかに変わる場合もありえます。こうして、判断の基準となる情報を提示する上でも、周囲の関係者に意見を聞いて、客観的で偏りの無い情報であるかを吟味する必要があります。情報を市民に提示することは、極めて難しく、正確な情報を提示する上では、時間的かつ費用的なコストがかかるものです。この前提に立ち、提示する情報が適切であるかどうか、周囲の仲間と決めていくのがポイントです。いわゆる回答のバイアス（偏り）を防ぐために公平感を大事にしながら質問票をまとめましょう。

【その他の質問票作成上のテクニック】
　上記11のテクニックで、かなり質問票の水準は上がりますが、その他にも筆者の経験で得たノウハウがあります。そのノウハウについてまとめましたので参考にしてみてください。

・強調したい部分はゴシック体等にしますが、本当に気をつけてほしいところだけにとどめます。当然ながら、ゴシック体等で強調されている部分が多いと真に強調したい部分がぼやけます。
・「前の質問で〇〇と回答した人にのみ次の質問に回答して欲しい」、というような枝分かれになる場合には、回答者の誘導をしっかりします（どこに進むかを判り易いように図示などで工夫します）。
・質問票の主旨説明の部分か最後の部分で、調査結果の公開及びフィードバックをどこでする予定か記しておくのは良い工夫と言えます。自分が協力した調査の結果を見ることができるということは、公正さと透明性を保証することに繋がります。なお、最近の調査では、協力している調査の結果報告をインターネット上の公開用URLを記して行うことも多くなっています。
・選択肢式の質問のときに、どの選択肢にも入らない「その他」の選択肢を設けるときには、詳細にその他の内容を記入させるように自由記入の項目を併設しておくことが大切です。そうすることで回答者の考えをより明確に知ることができます。
・回答例を示す場合には、それがバイアス（回答の偏り）につながらないようにしてください。特に、色々な回答が存在することを簡潔にアピールすることで回答者の勘違いや先入観にもとづく偏った意見を防ぐことができます。

④定性調査：インタビューシートの作成―事例から学ぶそのポイント―
　3節では定量調査の方法として有効な質問紙調査について述べました。4節では、定性調査の方法としてインタビュー調査の注意点を述べます。
　個人に対するインタビュー調査であれ、グループインタビューであれ、

実際に行うためには、「インタビューシート」を作成してから実行しましょう。インタビューシートというのは、インタビューを行うときに参照する台本のようなものです。これがなぜ必要なのか、そしてどのような役割を果たすのかについて考えてみましょう。

当たり前のことですが、個人へのインタビュー調査、グループインタビュー調査を行う上では、聞こうと思っていた質問項目を行き当たりばったりで回答者に尋ねるようなことをしてはいけません。質問項目がいくら頭の中に入っている自信があっても、時間的制約や緊張から、質問を忘れてしまうこともありえます。そうしたリスクもふまえつつ我々のようなプロであっても、インタビュー調査を行う際は、より効果的なものとなるようにインタビューシートを作成しておきます。特に、大学の学部生のレベルで見ると、これをきちんと実行している人がそれほど多くないのですが、是非皆さんに身につけて欲しいものです。

予めインタビューシートを作っておけば、聞き洩らしに代表される様々なリスクを減らせます。さらに、事前に作成した質問の目的や項目等をまとめたシートをインタビュー前に相手へ送り、相手に回答内容の整理を事前に依頼し、より質の高い回答を得ることが可能です（ただし心理関係の調査等で、その場での回答者の判断が重要な調査もありますから、事前に回答を検討依頼する意味や必要性があるかは予め計画の段階で熟考しましょう）。

著者は、今までに全国のバス事業者を対象に路線バス事業について数多くのインタビュー調査を実施してきました。その過程では、上記のような一連のプロセスをとり、事前にインタビューシートを送っておくことで、バス事業者の担当者が、色々と研究の役に立つデータ集を回答とともに準備してくれました。このようにコミュニケーションを円滑に進め、効果的にデータを獲得するために、インタビューシートを用意するのだと理解してください。

【インタビューシート作成のポイント】
　＜筆者が従前用いたインタビューシートを参照（巻末附録、p.167）＞

(1) 事前に判っている情報は記入しておく

　インタビュー調査を始めると、慣れない内は限られた時間の中で聞き手も緊張や焦りを覚えるものです。そのため、「いつ・どこで・だれに（回答者のポジションまたはバックグラウンド等も）」のようなインタビューに関わる基礎的な情報は、予め判る範囲でシートに記入しておくのが良いです。無論、聞き手と記録者（PCやノート等に発言を記録する役目）を分けておく方法もありますが、1人で行うときは判っている情報を事前に記しておき他の重要な発言に注力しましょう。また、選択肢方式の質問を交えている場合は、［　　］を前置。回答者が選んだ選択肢にあなたが○をつけるだけですみます。〔回答をメモする欄に選択肢をすべて貼り付けておけば、〕さらに選択肢を選んだ理由等もメモできるように、それをメモできる欄も近くに確保しておけばベターです。

(2) 質問者でニュアンスが変わらないよう質問文を統一しておく

　インタビュー調査は、前にも書いたように一件あたりの時間がやむなく長くなりがちです。最大90分ほどかけて、長くじっくり聞くことが、質の高いデータを得る上でのポイントとなるわけです。そのため、有効回答をなるべく短い時間で効果的に得る上では、調査内容にある程度理解がある、研究室や同じ会社の部署のメンバーを質問者として立てることもあり得ます。しかし、ここで調査者Aと調査者Bの間で同じ質問をしたつもりでも、質問文が異なるので、それぞれの回答者が別のニュアンスで捉える可能性もあります。例えば「このバリアを無くす政策について、どうお考えですか」と「このバリアを減らす政策について、どうお考えですか」と二人が聞いたらどうでしょう。**「無くす」**と**「減らす」**ではバリアの程度や、なくなるまでの時間感覚等で、回答者の受け取り方が違うはずです。つまり回答の質に差が出てしまいます。こうしたことがないように、インタビューシートを複数の調査者が読み上げること

を想定しつつ、質問文を調査者間で統一しておくこともポイントです。

　あわせて、インタビュー調査では、最初に調査の主旨（目的・内容・プライバシーの保護の約束等）を回答者に説明します。これも、そのままの読み上げで調査者相互の差異を無くすことが当然重要です。調査者間で調査の事前説明の内容に差が出ないように注意します。

(3) 回答をメモする欄はなるべく大きくとっておく

　やはり、インタビュー調査の醍醐味は、回答者から寄せられる思いもよらぬ研究に有益な情報（データ）を得られることです。もちろん、インタビューのテクニックを磨けば磨くほど、それを引き出せる可能性も高くなります。ただし、本書が主な対象とする大学生や大学院生の皆さんでも、回答者との会話の中から有益な情報を得られる場合が多々想定されます。それを書き洩らさない形で明瞭に記録をとる上でも、回答のメモ欄は、大きめにとっておくのがベターです。インタビューの最中に気づいたこと、質問の最中に回答者との会話から得られた研究過程に有益となる情報（こうした、コミュニケーションによって、直接、逐次得られる情報を「動的情報」と呼んでいます）等も、書き洩らしの無いようにしたいものです。さらに、回答者が何度も使う用語や発話の態度・雰囲気等も分析に有用となる場合があるので記録するようにしましょう。

　インタビューシートを作成する上でのポイントは、上記の3点に集約されます。大事なことは、たくさん出てくる発話の内容をいかに聞き洩らさないかですから、そこを大前提として、自分達にとってより良いインタビューシートを作成してほしいと思っております。

⑤定性調査：参与観察における観察・記録シートの作成
　　　──事例から学ぶそのポイント──

　ある問題の解決をしようと思うと、当事者の生活や文化に触れながらより近づくことは、大変有効な手段となります。例えば、最近は高齢者が増えてきて、どのようにバリアフリー化、更にはユニバーサルデザイ

ン化を進めれば良いのかが社会的な課題になっています。筆者（西山）は、高齢者や障がい者になりきるための器具を身体につけて、医療福祉施設の高齢者や障がい者の中に混じって、その行動特性や身体特性を知ったり、他の高齢者や障がい者と話し、生活上の問題点を具体的に調べて、環境の改善に向けた仕組みについてを必要性の面から研究したことがあります。あわせて、バスの営業所で整備士さんの中に実際に入りながら、大型車の整備にこれから必要な装置が何かを調べたこともあります。こうして当事者の間に調査者が自ら入り込み、ユーザーの声や行動に迫り、問題の解決に向けたアイディアを創出するための調査を一般に「参与観察」といいます。参与観察は、フィールドワークに基づき我々の社会にある様々な現象を質的に解明するための民族誌学（エスノグラフィ）の一種で、文化人類学の分野等でよく使われる調査法です。しかし、近年のものづくりでシーズ志向（技術及び作り手の意向に成り立った志向）からニーズ志向（利用者の要求に成り立った志向）へ転換する現状で、ユーザーにより近づくことが重要になり、近年では様々なものづくりの分野で使われ始めています。学生の皆さんも会社に就職してこうした手法を使う日がやがて来るかもしれません。

【参与観察の「準備」のポイント】

次の3点がポイントになります。

(1) 問題意識の明確化：一体自分が何を解明するために、わざわざ当事者に接近するのか

医療福祉施設やバス会社のように、参与観察では、多忙な当事者の中に入り現場のニーズを知ろうとしたり、問題解決に向けたアイディアを把握しようとします。参与観察に協力して貰う上でも、問題意識を明確にし現場に接近する必要性を説明できるようにしましょう。

(2) 参与観察の課題の具体的設定：テーマをより具体的に絞り込む

参与観察は、しっかりとした調査計画が無いと安全面やセキュリティ

などの理由から、立ち入りが許可されない場合が多く生じます。例えば、工場の中や医療福祉施設の中等の外部者の立ち入りが通常許可されない現場で参与観察をする上では、より観察調査のテーマが具体的である方が、許可を出す方も協力がしやすくなります。問題意識だけでなく何を観察して観察結果がどのようなアウトプットにつながるのか、しっかり説明できるように自身の研究を見直してください。

(3) 観察する項目とその手法の決定：観察する環境で「何をどのように観察するか」を決める

　問題意識を明確にして、観察テーマを絞れば、あとは観察したい環境の「何をどのような方法論で記録するか」を決めるだけです。ただ、「医療福祉施設での高齢者や障がい者の生活行動を観察して、高齢者や障がい者の生活行動を支援できる器具のアイディアをまとめる」というだけでなく、「医療福祉施設の高齢者や障がい者の移動の時間や体勢、困っている部分を高齢者・障がい者の体験器具を当方研究スタッフ男女3名ずつが実際につけて観察し、彼らとコミュニケーションをとって移動を支援するための器具のアイディアをまとめます」とした方が、より具体的で調査者の行動がイメージしやすく、漠然とした部分が無いので、研究を許可する方も許可しやすくなります。こうして具体的に観察調査の内容を絞っていくことがうまく調査を進めていく上でのポイントであり、協力してくれる方々との信頼関係を築く上での第一歩になります。

【参与観察の「実施」のポイント】
　以下の3点がポイントになります。

(4) 調査許可の依頼と獲得
　参与観察も他の社会調査と同様ですが、調査する上での社会的背景と目的、主旨、詳細な方法（メモ、録音、録画等の具体的な告知）、成果の公開方法、調査上の倫理的配慮を集団の代表者に伝え、集団への出入りを許可してもらえるように依頼文を作ります。当然ながら観察中の録

画で写った顔の写真から、個人が特定できないように成果を論文で公開する件、許可以外のエリアへの立ち入り等を一切行わない件、集団の方々の過度な負担となるような調査目的以外での協力を行わない件等、倫理的配慮には十分注意する旨をお知らせします。

　なお参与観察では、あくまで観察者としての参加を貫いてほしいと思います。研究する以上は、客観的なデータ収集、解釈や分析が必要になり、必要以上に思い入れをもったり感情移入をしないことがポイントになります。例えば、医療福祉施設で参与観察する場合をとれば、自分の家族・親戚や知り合いが通っている施設であると、感情移入を起こしてしまうこともありえます。観察する集団を選ぶ上でも、自分が客観的でいられるところかをよく考えて依頼することがポイントになります。また、集団で観察される対象者との信頼関係を築くことも重要であり、色々な人を公平に理解しようとする広い気持ちも必要です。

(5) データの収集

　参与観察では、普段立ち入れない環境に入って行う調査の場合が多く、立ち入りと調査を許可してくれた団体等との信頼関係が重要になります。ゆえに、調査許可を得られても場合により制約がつくこともあります（例えば、業務の忙しい時間は立ち入りを避けてほしいというような条件はよくつく）が、こうした制約には柔軟に従い、信頼関係を維持することが重要です。希望とは違う条件がつくことも多々ありますが、依頼の無理強いは避けましょう。

　参与観察では、五感で感じることのすべてが調査の素材です。許可が出た以上は、観察メモをしっかり取り、観察の場をしっかりとくまなく見て、聞いて、感じ取る姿勢が重要です。メモは、協力者や現場の方と合意した手法（ノートテイキング、装置等による録音や録画）の範囲で行い、集団のメンバーの特性（名前や年齢、性格や考え方、役割や社会的属性等）も記録します。メンバーの関係も会話や言葉遣いを聞き行動と共に観察して記録します。

　まるでその場にいるかのごとく、その場面が想起されるように記録す

ると良いでしょう。こうして状況を可能な限り具に記録しておくと、後で分析と考察が行いやすくなります。

(6) フィールドノートの作成および分析・考察

　観察が終わった後は、記憶が鮮明なうちに、観察した時のメモや録画・録音したデータを基に、「参与観察フィールドノート」（通常は、時間の流れに従い出来事やその時の感想、特筆すべき事項、思いついた解決へのアイディア等の記録）をまとめます。主に、時間の順に「誰がどのような行動をしたか」、「誰かがこういう発言をした」、「この行動と発言からこういう問題解決に向けた製品のアイディアが出た」というように書いてほしいと思います。そうすることで観察で得た多様なデータの分析と考察がしやすくなり、論文で解決したいテーマへの答えが見つけやすくなります。なおフィールドノート自体が、卒業論文・修士論文や博士論文のような大型の論文での研究の証左になるので、附録として巻末につけます。

　参与観察は、調査者個人の能力や性格に依拠する部分が大きいため、予め、観察と記録に関する練習をして取得したデータの妥当性と信頼性の確保を図ることが必要です。また分析においても、フィールドワークの初心者が進める上では技術的に難しい部分も多いので、学生が実施する上では教員との熟議が重要です。研究テーマの当事者に接近できるので、本質的な問題を見抜き明確にする上で、大変有効です。また対象者の行為を見て、ニーズ志向の問題解決策を提言できるので魅力が大きい調査手法です。こうしたメリットとデメリットをよく抑えた上で、取り組んでほしいのが参与観察調査です。

【参与観察の記録作成のポイント】
　＜筆者が従前用いた記録票を参照（巻末附録、p.174）＞

(7) 5W1Hをしっかりと事前に記入しておく
　観察・記録をする上では、誰が（Who）・いつ（When）・どこで

(Where)・何を (What/Which)・どのように (How) している場面と変化を調査しているのかを、具体的に書き込めるように記入欄を作ります。いわゆる5W1Hをしっかりと書き込むことでデータの分析も正確に行えます。案外、観察や記録をすることだけに注力してしまい、この5W1Hの情報を軽視する学生も多くいます。人間の記憶は常に鮮明とは限りませんから、調査の場面はよく記入しましょう。

(8) メンバー間で記入結果のニュアンスが変わらないようコード化しておく

　観察・記録は一人で行う場合もありますが、多くは時間的効率と効果の最大化を考えて複数のメンバーで行います。その際に、同じ変化なのにメンバー間で違う記入を行ったり、逆に、異なる変化なのに同じような記入を行ってしまう場合もありえます。こうしたケースを予め排除するために、「この変化の場合はA」、「あの変化の場合はB」というように、事前に記入の為のコードを統一しておくと良いでしょう。例えば、人の移動時の問題の調査であれば、「慶應電鉄の駅のトイレならばA」、「早稲田電鉄の駅のトイレならばB」というイメージでコード化する訳です。そうすれば、慶應電鉄と早稲田電鉄が共に乗り入れる駅でのトイレでバリアがあった場合でも、どちらの電鉄の駅に問題があったかもしっかりと区別できます。こうしたコード化で正確にデータを複数名で集められます。

(9) 回答をメモする欄はなるべく大きくとっておく

　社会調査の中には、交通量調査や移動経路の追跡調査（例えば、高齢者がどこからどこに移動して、どこのバリアで移動に時間がかかっているかの調査）のように、人々や動物、植物等の状況とその変化を追う観察・記録関係の調査もあります。観察と記録を伴う社会調査では、一般に対象の人間・動物・植物の変化や状況を書き漏らさないようにすることが最も大切です。そのためにも、まずは通常のA4サイズより大きなA3のような用紙を使って、ボードに挟んで観察・記録するような形態をとりましょう。対象物の変化や状況をたくさん書けるように、自由メ

モ欄もたくさん確保しておくことがベターです。イラスト等も書き込めるようにすると良いと思います。

　観察・記録シートを作成する上でのポイントは、上記に集約されます。大事なことは、多数出てくる状況およびその変化をいかに書き洩らさないかですから、そこを大前提としながら自分達にとってより良い観察・記録シートを作成してほしいと思っています。

⑥協力依頼状の作成－依頼の仕方で回答率が大きく異なる－

　具体的に質問票やインタビューシートの内容が固まってきたら、あとは調査協力者（例：質問票配布に協力してくれる企業や団体のみなさま）、そしてサンプリングした回答者候補に社会調査への協力依頼状を書きます。ここでは、調査協力者と回答者候補に分けて要点をまとめます。

(1) 調査協力者への協力依頼状の作成

　社会調査の回答者候補の選定に協力してくれる調査協力者には、下記の「調査協力者と回答者候補に向けた協力依頼状の6大要件」（P.62参照）を記した協力依頼状を送付します。ただし、回答者候補を選定してもらうので、われわれ調査主体者が「どのような回答者候補を探しているか」は当然一層明確にしておく必要があります。例えば、バリアフリーを題材にした社会調査である場合、「対象地域の高齢者の人口比にあわせ、60歳代を30%、70歳代を45%、80歳代以降の人々を25%で、回答者候補のリストアップをお願い致します」と書きます。または若者のファッションに関する調査であれば、「今の日本の若者の人口比に合わせて、10歳代男性を24%、10歳代女性を26%、20歳代男性を25%、20歳代女性を25%で回答者候補のリストアップをお願い致します」と書きます。調査協力者が、回答者候補の選定を誤らないように正確に記すことがポイントです。質問票やグループインタビューの内容については、予め調査の本番までに回答を考えていてもらう必要がある場合には、より具体的に実際に使う質問票やインタビューシートも同封しつつ、説

明材料としてお願いするのが良いでしょう。逆に、事前の回答の検討が不要な場合（その場で考えて貰うことが重要な社会調査の場合）は回答者のバイアスにならないよう、協力者が質問情報を回答者に漏洩しないように注意を払います。

(2) 回答者候補への協力依頼状の作成

　以前は社会調査を行う企業や大学教員が、住民基本台帳・選挙人名簿等による回答者のサンプリングを行って、リストに挙がった回答者候補へ、いきなり質問票を郵送するようなことがありました。しかし、近年は個人情報保護などの理由から、このような方法は減りました。前述の調査洪水の問題やプライバシーの保護への関心から、配布しても非協力率が高くなりつつあり、配布のコストだけが嵩んでしまう可能性が高まっているからです。この回避のために、厳密な社会調査であればリストにあがった人々にまず協力依頼状を送付し、調査協力の条件を理解してもらい、協力可否を把握してその後にはじめて質問票を渡す、という段取りを経るようになりました。筆者も、往復葉書に協力依頼の主旨をまとめて送付し、協力可否を返信してもらう形を通常とっています。もちろん予算があれば、書状と返信葉書でより丁寧に社会調査への協力可否を聞きます。

　ここまで厳密でなくても、自分が調査するときには、回答者候補がわかった時点で（例えば、大学のゼミの先生等、誰かの便宜で回答者候補がまとまって判明したときに）協力の可否を事前に聞く習慣をつけて欲しいと思います。その方が、より丁寧で、研究に対する真摯な態度で社会調査に当たっている、という情熱も回答者の候補に示すことができます。

　肝腎の回答者候補向けも、次の6大要件をまとめ協力依頼状とします。この内容をまとめて回答者候補に送り、可否を伺ってから後述の実行に移す形になります。

【調査協力者と回答者候補に向けた協力依頼状の6大要件】
(1) 社会調査の主体——どこのどのような主体が調査するかを明記し責任の所在を明らかにする。
(2) 社会調査の目的——何のために社会調査を行うのかを明確にして社会的意義を理解して貰う。
(3) 社会調査の還元——結果をどのような形で公開するか等結果の還元の方法についても述べる。
(4) 社会調査の時期——社会調査の期間がいつであるのかを明記し協力の検討材料として貰う。
(5) 社会調査の方法——質問票の郵送回収、直接配布、グループインタビュー等の調査方法を簡潔に記し、併せて拘束される目安の時間や謝礼内容等を書き協力の検討材料として貰う。会場での調査の時には会場の場所、質問紙調査であれば配布回収の手順等も簡潔に述べる。
(6) 社会調査での倫理的配慮——調査の過程で、前述の倫理的配慮を払う点を明確に約束する。

⑦謝礼の提供の検討—慎重にしないと調査自体が失敗に—

　社会調査では、有効回答率を確実なものにするために、謝礼を提供する場合が多々あります。通常の相場では、30分以内の拘束であれば、500円程度のプリペイドカードになります。少し前まではテレフォンカードまたはオレンジカードが通常でしたが、前者は携帯電話の普及に伴い、後者はSuica等のICカードの普及に伴い、実用性がなくなりました。そのため、最近ではコンビニエンスストアやガソリンスタンドで使えるQuoカードや本屋で用いる図書カードが提供物としては実用的で無難な謝礼となりました。30分を超えて60分程度の拘束であれば、2倍の1000円程度のQuoカードや図書カードとなります。これは定量調査（質問紙調査やWebを使った調査等）、定性調査（街頭インタビュー調査等）で

の相場です。上記については30分＝500円を通常としてプリペイドカードの謝礼額を計算します。

　では、個別ヒヤリング調査やグループインタビュー調査の場合はどうでしょうか。定性調査が、回答者の発言の「質」が重要な社会調査であることを思い出してください。聞き手は、特定のテーマについて回答者に考えさせたり、意見を述べさせたりします。新商品の開発がテーマの場合には、旧来の製品と新しい商品の試作品の比較使用等を求める場合も多々あります。こうして、回答者の負担が大きくなり、拘束時間が長く、会場までの往復の交通費も勘案する必要がある個別ヒヤリング調査やグループインタビュー調査等の定性調査については、通常、現金か金券でもう少し高い額の謝礼を用意します。最近は、調査洪水の悪影響で、一般市民も謝礼の相場をある程度知っていますし、筆者も大学院生の頃の研究費が少なかったときには、「謝礼が少ない」旨を言われたことが実際にありました。

　個別ヒヤリング調査やグループインタビュー調査については、負担が大きいので60分程のもので、往復交通費込み4000円－5000円が相場です。120分程度で、往復交通費込み8000円－10000円が相場です。要は、60分＝往復交通費込み4000円－5000円を相場として謝礼の金額を計算してみてください。そうすれば常識的な謝礼の額になるかと思います。

　謝礼を考える際の注意点は、「上記の常識的な相場の額を遵守すること」につきると筆者は考えます。研究費がとれた場合に、多少謝礼の金額を弾んだ方が、有効回答率が上がると考える向きもあるでしょう。しかし、謝礼の金額につられ、非協力的な人々がいい加減に社会調査へ参加・協力してきても、当然質の高いデータは得られません。社会調査への適正な協力の姿勢を得るための謝礼であることを決して忘れてはいけません。同じく謝礼の金額が相場より安ければ、いい加減な協力姿勢になる人々の発生につながりかねません。

　ここは、性善説に立つか、性悪説に立つのかでも考えは異なるのですが、筆者の社会調査の経験から言えば、謝礼が安ければ安いなりに、社

会調査へのモチベーションが下がると考えて良いと思います。社会調査を専門にするマーケティング会社の方々から話を聞いても、研究費の制約で謝礼が少なめの場合では、標準額の場合より適正な姿勢が得られ難い場合があると言います。大学の研究室等で予めモニター（登録制で調査協力者の候補者になってくれる人のこと。社会調査の条件にあてはまるケースに協力を依頼し、協力できる場合にのみ調査実施者へ意思表示をする）を確保している場合も、謝礼が多いといい加減な協力者が増え、謝礼が少ないと非協力的な姿勢の人が増える可能性が出てきます。社会調査は、社会で暮らす色々な人を対象にする知的活動のひとつ（研究活動の一環）です。ゆえに、色々なマイナスの可能性も想定し、謝礼を含め慎重に調査計画を立案することが重要です。

　以上、本節では、社会調査の計画についてポイントを解説してきました。豊富な経験を交えて事例に基づき質問紙調査、インタビュー調査、参与観察を中心に解説してきましたが、いかがでしょうか。やはり、社会調査については先輩の成功・失敗と経験も参考にして、慎重に計画を立てる姿勢が重要です。ここで解説した以外にも、各学問分野ならではの知見を教員や先輩が持っている可能性が十分にあります。[1] 皆さんが社会調査を行う前には、教員や先輩から色々知見を聞き出し実践してみてください。

---

1) 実地調査を行うコミュニティーによっては、金銭による謝礼が文化的にそぐわない事例もあるので、注意が必要である。

3. 社会調査の実行

　この節では、前節のような「社会調査の計画」に基づき、さらにそれを実行に移すときのポイントについてまとめます。「計画までが社会調査では極めて重要」と言われ、講義でもそのように教員から指導を受けている人がいることでしょう。A＝あたりまえのことを、B＝馬鹿にしないで、C＝ちゃんとやる。社会調査では全体を通してこのABCの遵守が極めて重要なのです。

①質問票の配布から回収まで──実例に基づくそのポイント──
　質問票を配布・回収するような定量的な調査でも、配布方法・回収方法のそれぞれに様々な方法が想定されます。ゆえに、配布方法と回収方法に分けて解説します。自分が行う社会調査に合致する配布方法や回収方法にあわせて、ポイントを活かすようにしましょう。

【質問票配布時のポイントについて】
　さて、質問票を配布するときと言いましたが、その配布にも色々なケースが存在します。まず、調査に回答してくれる協力者の住所まで赴き、直接配布をする場合を考えましょう。

(1) 回答者の家や事務所に質問票を直接配布する場合
　この場合は、原則、質問票を配布する人（世帯の誰かの回答で良い場合には、できれば世帯主かその配偶者が望ましい）に直接手渡しをして依頼をします。事前に調査協力の可否を尋ねておき、了解を得ている方には事前に主旨が伝わっていると考えられますので、その場合には、留守の場合についてポスト等に入れておく方法もありえます。しかし、あ

くまで原則は上記のような手渡しです。いかなる場合でも、改めて調査の5W1Hについて概略を簡潔に説明し、協力を求めるのが大原則です。これは、調査実施者の真摯な姿勢を伝える意味でも大切です。

配布を行うときに、回答するときに難しい部分や注意してもらいたい部分、（謝礼がある場合は）謝礼の提供方法等についても説明しておくことで、有効回答率の向上を実現できるように努めます。

これらの説明は、3分以内でできるように説明シートにまとめておいて、それを読み上げる形が良いでしょう。同じグループの他のメンバーと手分けして配布する場合には、説明の差異がバイアスになることも考えられますから、むしろ同じ説明シートを全員が回答者の前で読み上げ、質問票を渡す形がベターです。事前に説明シートを用意できた時点で、説明して配布するまでの練習会をメンバー間で行うというのも効果的です。またこうした方法では、事前に最適な配布ルートをマッピングしておくこともしましょう。

(2) 調査の実施会場に協力者を集めて一斉に配布する場合

次に、会場を定めて、そこに調査回答者が集まっている状態で、調査実施者が会場内で質問票を配布する場合です。例えば、特定のサークルや企業の組織のメンバーを対象として質問票への回答をお願いする場合や、会場の近くにいる人々に集まってもらい回答をお願いする場合などです。

この場合に最初に確認しておくことは、調査を計画したときに決めた対象の条件にあてはまる人にお願いしているかということと、最初に決めたサンプル数を満たす回答を得られているかについてその都度管理をすることです。例えば、30代男女50名ずつと40代男女50名ずつから新製品の開発に関わる意見を募る調査で、街頭から会場へ条件にあてはまる人を誘導し質問票を配布する場合には、当然ながらそれぞれの回答者を正確にカウントし、有効回答が50に達したところからサンプル集めをすぐに取りやめられるようにします（携帯電話やトランシーバーでサンプル集めの人と会場の人が連絡をとりあえるようにしておき、依頼が重複しないように努めます）。

会場内に回答の条件にあてはまる人を集合させる調査でも、やはり各人に社会調査の5W1Hや回答上で難しい部分や注意してもらいたい部分、謝礼の提供方法や回収方法等をまとめた説明シートを読み上げ、簡潔に解説し理解してもらいます。街頭で協力を依頼し会場で回答してもらう際には、仕事等で忙しい回答者もいますので、大まかな回答目安時間を正確に提示し理解を得ます。同じく、説明シートを用意できた時点で、説明して配布するまでの練習会をメンバー間で行いましょう。

(3) 街頭で条件に当てはまる人を探してその場で回答してもらう場合

　対象者を広く設定している場合など、街頭のその場で条件にあてはまる人に直接回答を依頼する場合も考えられます。これは、(2)の街頭から会場へ誘導して回答をお願いするときと同様に考えてください。最初に、計画時に決めたサンプルの条件にしっかりあてはまる人にお願いしているかどうかの確認をすることと、当初のサンプル数を満たす回答を得られているか、について逐次管理をしてください。

　この種の調査を行うときは、街頭で直接行うことを考慮して、社会調査の5W1Hや回答上で難しい部分や注意してもらいたい部分、謝礼の提供方法等は、より簡潔に説明シートを読み上げて解説をしてください。このときは1分以内にまとめるように注意してください。そして合意を得た上で、すぐに調査への協力を求めるようにしましょう。また、このような調査を行う場合は、道路の占有許可を警察や鉄道会社等の管理者から取得しておかないと調査できませんが、なにぶん、色々な人が通る場所での調査ですから、問題が発生しないように十分に配慮しましょう。街頭周辺や回答者に一切迷惑をかけないように、繰り返し練習を行ってください。

　(1)から(3)についてまとめますと、質問票を配布する際には、5W1Hについて概略を簡潔に説明して協力を求めることが基本です。あわせて、回答上で難しい部分や注意を要する部分、謝礼の提供の方法や質問票の回収方法等も説明し、有効回答率の向上を実現できるように努める事が共通のポイントになります。プリテスト(事前練習)を経て効

率よく進めましょう。

【質問票回収時のポイントについて】

　質問票の回収も、その配布の時と同様に、色々な可能性が想定されます。ここでも何パターンかを考えて説明します。

(1) 回答者の家や事務所に質問票を直接配布した場合

　まず、質問票に回答した本人（世帯の誰かの回答で良い場合には、世帯のことを熟知する世帯主かその配偶者が回答者となる場合）の住所へ直接赴き回収する場合です。この場合は、謝礼を直接渡してお礼を述べることは当然ですが、謝礼を渡す場合には、謝礼の受取書にサインと押印をもらい謝礼提供がしっかり行われているかも管理する必要があります。さらに、手渡ししてもらった質問票にブランク（空白）や回答・記入のミスが無いかも迅速にその場でチェックし、万が一それらを見つけた際には即座に修正をお願いするようにします。

　謝礼提供済の証拠書類を確保しておけば、謝礼を提供したかどうかを確認できないというミスもなくなりますし、研究費の予算管理（および監査）での心配がなくなります。また、住所や氏名が書かれた謝礼の受取書については、個人情報漏洩が無いように管理を徹底してください（例えば、鍵付きの倉庫に保管する等）。調査の段階で個人情報の取り扱いについて注意を払ったのに、こちらで失敗しないよう、くれぐれも気をつけてください。

(2) 調査の実施会場に協力者を集めて一斉に配布した場合と、街頭で条件に当てはまる人を探してその場で回答してもらった場合

　会場や街頭での質問票回収でも、基本は質問票に回答した本人の住所へ直接赴き、回収する場合と同様です。謝礼を渡したときの謝礼提供済の書類の作成について注意をすると同時に、質問票の中身にブランク（空白）や回答・記入のミスが無いか等についても確認を行います。会場で一気に質問票を回収するような場合、街頭で質問票を回収するとき等

は、時間がかからないようにスムーズな対応が求められます。ゆえに、複数の人員での回収対応が望まれます。個人で行うときは余裕を持って行うか、友人に手伝いを依頼した上で、役割分担と事前の確認を入念に行いましょう。

(3) 配布した質問票を郵便等の手段で回収する場合

さらに、配布した質問票を郵便等の宅配手段で回収する場合もありえます。この場合には質問票配布時に切手を貼付した封筒か、料金受取人払い対応済の封筒を同時に配布します。料金受取人払い郵便とは、あらかじめ最寄りの郵便局の承認を受けて、所定の表示をした封筒や葉書を配布するもので、受け取った郵便物等の数だけ料金を払えば良い方法なので、調査経費を節減するのに功を奏します。質問票返信で頻繁に用いられており、無論差出人が料金を負担する必要もないため、回収率のアップにも繋がります。[2] 郵便回収で後に謝礼をお支払いする場合には、回答者の謝礼送付先も併せて質問票に回答してもらいます。

また、個人情報を預かる訳ですからその漏洩が無いように注力しましょう。謝礼については、記入された住所宛でお礼状と共に送付します。その際に、できれば調査結果のフィードバックの方法（例えば研究室のホームページで公表する、学会で発表する、記者会見をする、というような形）も記入しておくと回答者の協力に報いる形となり、謝礼を受け取った方の心証もよいです。郵送回収の場合には質問票のブランク（空白）や回答・記入のミスの修正依頼が難しいですが、対象者のE-mailアドレス等が明確に判るとき等に限って、文書で追加回答を得ることは可能です。電話等の口頭ではミスに繋がる場合もありますので、追加回答は文書で得られる時だけに留めるようにします。

質問票の回収時のポイントは、概ね上記のようになります。やはり、直接回答者の住所に伺うときや会場・街頭で配布・回収する場合には、

---

2) 日本郵便料金の受取人払い式の参考HP
　http://www.post.japanpost.jp/fee/how_to_pay/uke_cyaku/index.html

回答者を目の前にしてのスムーズな対応が必要となりますから、練習をしっかり行い、本番のためのシミュレーションを進めましょう。

②インタビューの実施――実例に基づくそのポイント――

　グループインタビュー、あるいは個人へのインタビューを行う上では、協力依頼状送付で「可」の返事をした方に、まずは調査の概要を示したレターを送るところから始めます。そしてここでは、グループインタビューや個人へのインタビューの実践で注意すべきポイントをまとめます。回答者へ直接話を聞くので、信頼感を相互に構築することに注意します。この段階からは、ひとつのインタビューについて複数人で対応することが特に望まれます。インタビューの結果の分析を中立かつ客観的にするためにも、以下のプロセスを複数人で遂行することが望まれます。人員の確保も難しいですが、調査の質を高める上では重要です。

●調査の概要を示したレターの送付

　調査に協力してくれる人がリストアップできた時点で、今度はグループ・個別を問わずインタビュー調査の概要（目的・場所・日時・調査時間・謝礼が主な内容）を記したレターを送ります。これはE-mailアドレスを把握しているときはインターネットを利用しますし、一般郵便で住所に送付することもあります。送付したものが届いているのかの確認が必須で、E-mailでのリプライを求めるか、予め電話番号を把握しておき確認の電話を入れる、等の方法を通常はとります。そして最終的にレターの内容で参加が可能であるのかを最終確認します。ここでやむなく参加が不可となった場合は、別の候補者に依頼することになります（ゆえに候補者の補欠者を予め考えておくことはインタビュー形式の調査で重要です）。このレターは下記サンプルのようになります。目的・場所・日時・調査時間・謝礼を簡潔に整理します。日時や調査時間の設定では、平日か祝祭日か、就労者か否かで、対象者が協力しやすい条件を考慮します。また、場所の設定では、インタビューに集中でき、プライバシーを保護できる場所、部屋（職場から離れた場所、個室など）を選びます。

＜インタビュー調査の概要を記したレターの例＞

西山敏樹様

　　　　　　　　　　　　　　　　　　　　　　2行空ける

　慶應義塾大学の公共交通政策研究グループでございます。この度は、「路線バスの利便性向上に関するグループインタビュー」へのご参加を快諾頂き、誠にありがとうございます。
　本状は、今回のグループインタビュー調査の実施に関する詳細のご連絡となりますので、よくお読みになって、添付の会場地図と共に調査終了までご自身の責任で保管してください。

　　　　　　　　　　　　　　　　　　　　　　1行空ける

1. 実施内容
◆ 調査内容：七名の座談会形式で今の路線バスの利便性に関してご意見をお伺い致します。
　　　　　※調査実施前に、調査参加同意書をご記入頂きます。
◆ 撮影有無：グループインタビューの風景をデジタルカメラやビデオにて撮影させて頂く場合があります。撮影したものは、この調査の記録と分析としてのみ使用し、これ以外の目的では一切使用致しません。また、調査関係者がグループインタビューの状況を途中で見学させて頂く場合がありますのでご了承ください。
◆ 実施日時：2013年1月15日（火）　18：30～20：30
◆ 集合時間：開始の10分前厳守
　　　　　　（18時20分までには別添地図の会場にお集まりください）
　　　　　※調査前に添付の「調査参加同意書」に記入して頂きますので必ず時間を厳守してください。
◆ 所要時間：2時間（場合により延長することもあるので、ご了承の上、ご参加ください。）
◆ 調査会場：〒252-8520　神奈川県藤沢市遠藤5322
　　　　　　慶應義塾大学 SFC 999 教室
◆ 最寄り駅：小田急江ノ島線湘南台駅　A1出口バスロータリー8番より「湘01」慶應大学行きに乗車、約15分です。
　　　　　　（約20分間隔で運行しています）。
◆ 持 参 物 ：①印鑑　　②身分を証明できるもの（免許証・保険証等）
　　　　　　③本状（調査の案内状）
◆ 謝　　礼 ：現金8000円（交通費込み、領収証には氏名・住所・電話番号を記入の上で押印）

本来は A4 用紙を使用しますが、本書では誌面サイズの関係で文字数、行数は指定のものとは異なります。

文字数 40～44文字、40行前後で調整します。フォントは明朝体や丸ゴシックM がおすすめです。

帰りの交通手段、帰宅時間も考慮して、協力が得られやすい時間帯に設定します。

初めて赴く人も迷うことなく、スムーズに来場できるように、間違いやすい場所の注意喚起や、ランドマークとなる建物などを示した案内にしましょう。

謝礼も所得税が発生するため、税込額か手取額かを考慮する必要があります。詳細は所属機関の会計担当等に確認しておきます。

2. 連絡先

◆ 調査前日までの連絡先：

慶應義塾大学公共交通政策研究室・グループインタビュー調査事務局

〒252-8520　神奈川県藤沢市遠藤5322

TEL：0466-xx-xxxx　　E-mail：xxx@xxx.xxx.xx.jp

（受付時間：平日の研究者在室日 月曜日〜金曜日9：00〜17：00）

※受付時間外の電話は、留守番電話での対応となりますのでご注意ください。E-mailへのご返信は、都合により翌在室日になる場合もございますので予めご了承くださいませ。

◆ 当日の緊急連絡先：0466-xx-xxxx

（注：この部分については担当者携帯電話でも可能です）

◆ 連絡先についての注意事項

(1) この度の調査についての各種お問い合わせは、必ず調査事務局までご連絡ください。

(2) 当日、会場が分からない場合、やむをえない理由で遅刻・欠席される場合には、必ず上記＜当日の緊急連絡先＞までご一報ください。本グループインタビュー調査の運営に支障をきたすと同時に、ほかの参加者のご迷惑にもなりますのでご協力ください。

3. 注意事項

◆ 事前に本調査への協力可否をお聞きしておりますが、お願いした属性と明らかに異なる回答内容等、矛盾があった場合等は途中退室をお願いし謝礼のお支払いもできません。

◆ 頂いた個人情報と回答は漏洩しないように厳重に管理致します。統計的に分析し個人が特定されないように注意致します。利用の必要がなくなった際に破棄と抹消を致します。（通常、調査実施後3ヶ月で破棄抹消します）

◆ 天災（地震・台風、その他気象条件等）で調査が中止になった場合は、謝礼のお支払いはございません。参加される方の安全を充分に考慮した上、中止・催行は主催者の判断に委ねるものとします。中止の際には、調査事務局より必ず携帯電話の方にご連絡致します。

> 必ず対応できる連絡先を記入しましょう。連絡がつかないことが続く場合、ご協力が得られなくなるケースも出てきます。そのため、不在時はどのように対応するのかも示しておくことが必要です。

> 読みやすいレイアウトとして、余白は左右25mm、上30mm、下25mmは空けましょう。文字の間延びや詰まり過ぎは読みづらくなるため、余白とのバランスを考えてレイアウトします。

＜調査参加同意書の例＞

調査参加同意書

　今回は、グループインタビュー調査へ快くご協力頂き誠に有り難うございます。今回のグループインタビュー調査へのご参加にあたり、以下各件へのご同意をお願いしています。下記事項を熟読しご理解頂きまして、機密事項の保持、個人情報、録画・録音の利用及び結果公開についてご同意頂き、ご参加頂く必要があります。本同意書にご記入・ご捺印を頂いた上でインタビューにご参加頂く運びとなりますので、よろしくお願い申し上げます。

【ご同意頂きたい事項】
1. 機密情報の秘密保持について
　調査及び調査で知り得る情報、調査中に提示する試作製品の中に機密情報及び特許情報を含んでいる可能性があることをご理解ください。グループインタビュー調査がいかなる形で行われるかは、特定の問題解決を図ろうとする調査の主体（研究者）にとって、非常に重要な問題です。そのため、調査機密を守って頂くことが不可欠です。また、調査の御感想についても機密を保持して頂くことをお約束頂きます。例えば、御家族や友人の方に対してでさえも、クチコミ・E-mail・ブログ等を通じて一切の情報が漏れることのない様お願い致します。こうした調査で得られた情報は、調査主体である我々の新たな知見の整理及び経済的権利に繋がる場合もあり、経済的権利や法的権利を守るために上記をお願いします。

2. 個人情報の利用・提供について
　本調査のご参加にあたり、氏名・住所・電話番号等の個人情報は、本調査の目的と実施のためにのみ、最長1年間利用致します。また、グループインタビュー調査へのご参加の履歴管理のために、最長2年間保管致します（注：税務上の管理のためご署名頂いた領収証の写しは7年間保管させて頂きます）。ただし、氏名・住所・電話番号の個人情報は、天災・事故等の事由により必要最小限の範囲で関係者に開示する場合がありますので、ご留意ください。

第3章　データ分析を伴う研究の流れとポイント　　73

3. 映像・音声の録画・録音、発話内容のパソコン入力と利用・提供について

　調査ならびにインタビュー中の状況を本調査の目的・分析・研究のために撮影・録画・録音し、利用する場合があります。ただし、匿名性の担保のために氏名・住所・電話番号の個人情報を記録物の中に含めない様に致します。併せて、発話内容をパソコンに入力し分析や考察の際に利用することがあります。また、録画・録音・入力した記録物は本調査の目的・分析・研究のためにのみ使用し、その他の目的で使用することは一切ありません。

4. 調査で得た情報・成果の公開について

　今回のグループインタビューで得た調査結果は、学術的貢献を考えて関係する学会及び大手新聞等で公表する予定です。また、当研究室と共同研究を行う路線バス事業者の新規サービス開発や機器開発につなげる場合もありますので、その点をご留意頂きたいと思います。上記の新規開発も視野に入れていますので重ねて機密情報の保持にご協力ください。

2013 年 1 月 15 日

私（　　　）は、上記の内容について同意してインタビュー調査に参加します。
※上記に自署をお願い致します。

＜問い合わせ先＞
慶應義塾大学公共交通政策研究室・
グループインタビュー調査事務局　担当：西山敏樹
〒252-8520 神奈川県藤沢市遠藤 5322
TEL：0466-xx-xxxx　E-mail：xxx@xxx.xxx.xxx.jp
（受付時間：研究者在室日 月～金曜日 9：00 ～ 17：00）

● **調査参加同意書への署名依頼**

　レターにより最終合意を得た調査協力者が当日インタビュー会場に来たとき、はじめに、調査参加同意書への署名をお願いします。グループインタビューや個別インタビューで得た発話内容は、多くの場合、新しい製品開発や政策の構築、あるいは学問的な新しい発見につながる重要な情報で価値のあるものです。そのため、情報の機密性の保持や個人情報の保護、情報公開について参加者に同意を求め、得られた情報の価値を守ります。色々と気を遣う場面もありますが、回答者との信頼関係を築く上でも大切なプロセスです。映像・音声の録画・録音、発話内容のパソコン入力とその利用・提供については、ここでしっかり謳っておき、回答者が安心して答えられるように信頼性を確保することが大切です。

　以下に具体的な調査参加同意書の例を掲載しますので、実際の調査の参考にしてください。

● **インタビュー時に気をつけること**

　次に、実際にグループインタビュー、個別インタビューで気をつけるべき点をまとめます。インタビュー調査の展開順に基づいて、わかりやすく時系列に述べていきたいと思います。

手順1. インタビュー開始時に調査の概要について読み上げ

　インタビューを実際に始めるときに、再度調査の概要についての「読み上げ」を行います。なぜ「読み上げ」としたか、それは伝えることに漏れがないように確認の意味合いがあるためです。またインタビューを同時並行的に複数行う際に、インタビュアーによる差異をなくすためです。まず調査の5W1Hの内容と調査参加同意書のポイントについてまず同じ文面で述べます。そして、回答する皆さんから改めて質問を受け、合意を得て調査を開始します。

手順2. インタビューに臨む姿勢を説明

　回答する皆さんにインタビュー調査に臨む姿勢を説明します。具体的

に「このテーマに対しては色々な意見があると思い調査をしているので、インタビュアーや周囲の人（グループインタビューで同じグループにいる回答者）に遠慮せずに、思うところを述べてください」と参加への姿勢を強調し、緊張もほぐします。さらにグループインタビューの際は、「同じグループの人が自分と違う意見を言ったとしても、それを自分から否定をしたり攻撃するようなことを絶対にしないでください」と説明し、会の雰囲気を悪くしないように配慮をします。併せて、インタビュアーが「AさんのB意見に対しBさんはどう思いますか？　と問いかけた際にのみ他の方への意見を言ってください」と回答の姿勢を強調しておきます。インタビュー調査は、多くの場合、色々な意見を聞いてそれを集約して、ものづくり及び政策構築、サービス構築につなげます。ゆえに様々な参加者の思いをすべて引き出せるようにすることが第一義です。それを妨げるような事態を防ぐため上記の説明を行い、理解と協力を求めます。

手順3. 中立的で客観的な姿勢の保持

　インタビューを始める時に最も重要なことは、終わりまで「中立的で客観的な姿勢を保持すること」です。要は、回答者の意見を特定の方向に誘導することの無いようにすることがポイントです。例えば、公共交通環境改善に向けたグループインタビュー調査や個別インタビュー調査をするシーンを考えてみてください。実はインタビュアーがマイカー好きで、ついバスや路面電車等の公共交通環境に否定的な意見を言ったり、「マイカーの方がこんな場合に便利なのですがどうですか」等と私見を挟みながら意見を聞いては、回答者の本音が引き出せない場合もあります。改良商品・サービスの図案及び画像等を回答者に見せる場合でも、「賛否両論が予想されますが」と一言いうだけで中立性・客観性を保てます。要は、インタビューのときには「色々な意見がありますが」という発言を時折混ぜ、回答者の自由な発言を促すことが重要です。残念ながら世の中には「社会調査はアリバイ作りだ」ということを公然と自著、講演で述べる研究者やビジネスマンが多数いますが、調査法の専門家としてそれは違うと思います。ものづくりや政策構築、サービス構築を社会調

査で自分たちの都合の良いように誘導している人に限って、そういうことを言っているのが実情です。

　真の社会調査は、世の中のニーズや真の問題を公平で中立に掘り下げるための知的活動であり、本書に書かれたノウハウを追うことで十分にその目的達成は可能です。この本が主な対象とする大学生や大学院生の皆さんには、是非そうした社会調査の意義を早くから身につけてもらい、中立的で客観的な姿勢を保持しながら調査を行うことで、世の中にあるニーズや真の問題点等を公平、中立に掘り下げることの重要性を知ってほしいと思います。

手順4. 終了時のポイント

　インタビュー調査でも、終了時に、質問紙調査でいうところの「自由意見欄」にあたる発言を促します。グループインタビュー、個別インタビューに限らず「今回の一連のインタビュー調査を経て、最後に何か言っておきたいことはありませんか」と聞きます。回答者に残されうる不全感を解消させます。そうした自由な発言にも、真の新しい発見があると考えられますので、自由な発言を最後に忘れずに促してください。そして、メモや記録をとっておく前提で、あえて議論の内容を回答者の前で最後にまとめないようにします。あくまで色々な意見をもらうことがインタビューの目的ですから、色々な意見をもらい終わりとします。例えば、グループインタビューで、どちらかというとマイナーな意見となってしまった回答者に、あえてそれは違うというニュアンスのまとめを言う必要はありません。そうすることは、長い目で見ればインタビュー調査への苦手意識を植え付けることにすらなりますので配慮します。最後に謝礼を渡し、領収証に署名と押印をして貰い調査終了です。

　予定時間に調査を終了することが大原則ですが、回答内容によって、時間がオーバーすると予測される場合は、場合によって延長もありうることと、余裕をもって参加することを予め伝えておきます。また、調査中も調査の進捗状況を提示し、10～15分程度の延長が可能か了承を得るようにします。

上記のように、インタビュー調査は回答者と直接関わり、コミュニケーションをとりますから、より慎重な対応が求められます。上記を参考にしつつ丁寧に進めて欲しいと思います。

③観察・記録の実施―実例に基づくそのポイント―
　観察・記録調査は色々な種類のものが想定されますが、概ね次の点に注意をしましょう。

(1) 周囲からのクレームには柔軟かつ従順に対応
　観察・記録を行っていると、一番多いのは「何を観察・記録しているのか」と周囲から聞かれることです。普段の様子と異なることで、調査依頼外の周囲にも、調査の実施が判ってしまうことがあります。それだけ市民が、周囲に目を配っていることの裏返しでありますし、最近ではプライバシー保護への関心の高まりから、そうした観察・記録調査への目も厳しくなってきました。特定の高齢者や障がい者の移動特性や身体の動きを予め合意の上で追跡し、観察・記録するような場合であれば良いのですが、街を歩く不特定多数の人々やペットの観察調査、外から見える家の植物の観察調査等、事前に合意を得ることがやむなく難しい観察・記録調査もあります。そうした場合に、観察・記録をとる調査者にプライバシー保護の観点等、諸事情から観察・記録に含めないように指摘が入る場合もよくあります。こうしたことも前提に、周囲の要求には柔軟かつ従順に対応することを心がけます。

(2) できるだけ複数人で対応し周囲の安全にも配慮
　観察や記録を行う上でも、中立的で客観的な対応が期待されます。調査結果を見る人もその中立性や客観性には期待をします。ただ、ものの捉え方というのは人それぞれであり、観察や記録を行う人の間でも、事象の捉え方が異なってくる場合がしばしば考えられます。
　例えば、ある道路を走る自動車の名称を調べる観察記録を行うとして、自動車は名称が違ってもボディが酷似しているものも多々あり、それら

を見間違わないようにするためにも複数人で観察・記録をした方がもちろんベターでミスも防げる訳です。また観察・記録をしているその場の安全の確保という観点でも、複数人での対応が期待されます。例えば、カメラやビデオを回すのに注力している観察者の周囲で別の調査者が安全に配慮することは大切です。

(3) 観察・記録への協力者との密な連携

　観察・記録調査の種類にもよりますが、観察・記録をする場を特定の組織に提供してもらう場合も多々あり、借りる立場としては場を提供する組織や人との連携もこまめに行いたいものです。例えば、駅やバスターミナル等での利用者の移動状況調査ならホームの特定のエリアや、車内の決められた範囲などを選定するなど、鉄道事業者やバス事業者の担当者と懸念材料をこまめに取り除いていく必要があります。病院等の医療機関で実施する場合は、とくにプライバシーの点で医療機関側と、綿密な打合わせを行い、周囲の方への周知や対象者と調査者の会話が漏れないよう、特定の部屋で行うなど、配慮をします。観察・記録調査においては公共スペースも必然的に多くなりますから場所を借りる際には、細心の注意を払います。

　ここまで、質問紙調査、インタビュー調査、観察・記録（参与観察）の3種類に分けて調査実行上のポイントをまとめてきました。共通して重要なポイントは、あくまで人が対象であるため、客観性・中立性の保持、気持ちよく調査に回答できる環境づくり、プライバシーの保護の3点に集約されるということで、皆さんもこれらを念頭に置き社会調査を展開してください。

4. 社会調査で得られたデータの分析・公開・社会への還元

　社会調査を展開したときには、結果をしっかりとフィードバック（社会への還元）するように心がけましょう。社会調査実施の意味を改めて考えれば、「社会にある問題や市民のニーズを整理して、新しいニーズ志向の製品開発につなげたり、また新しいサービスや政策の構築を目指す」点に意義が認められます。何かをより良くするための知的活動となりますからその結果を社会や、回答者を含む結果を必要とする人々に公開することも重要となります。ここでは得られた結果の分析や公開、社会への還元の手法等について説明していきます。

①質問紙調査の分析と考察—考察はひとりで行わないのがポイント—
　質問票を回収したら、まず、それらに通し番号を振ります。この作業をナンバリングと言います。質問票には、原則として個人の氏名等の情報を書いてもらう欄はつけませんし、謝礼送付等の事情で万一記入してもらっても、回答者のプライバシー保護のために、個人情報を切り離してデータ入力や分析を始めるようにします。また、質問票に通し番号を振りそれを表計算ソフトウェア（マイクロソフト Excel 等）に入力しておけば、一度データを入力した後の確認でミスを見つけても、誤ったデータの修正を迅速に行うことが可能となります。
　そして、いよいよ入力を行う段階になります。データ分析自体の具体的な手法については、第4章以降に書かれていますので、そちらを参照してください。以下でポイントについてのみまず述べておきます。
　データ入力ですが、本書が対象としている大学生や大学院生の皆さんの場合、結構な入力ミスを犯す可能性が高いと言えます。学部生と筆者が共同研究をして、データ入力を依頼したことが何度もありますが、

データ量が増えれば増えるほどミスを犯す可能性も一般に高くなります。これは単なる経験の不足によるところが大きいわけですが、個人研究のときには、入力したデータと質問票の原票を最低3度は相違が無いか、また、複数の者で見直し、確認するダブルチェックの癖をつけましょう。
　グループ研究時は、プロジェクタをパソコンにつなげておき、データ入力の状況を投影すると良いです。例えば二人でのデータ入力体制をとり、一人が質問票のデータを見つつパソコンに入力する係、もう一人が質問票を見ながら入力したデータを隣で逐次確認するという方法です。これにより、一人は入力に専念でき、もう一人はチェックに力を注げて入力ミスがかなり高い確率で防げます。回答者の協力を有効かつ正確に社会へ反映させるためにもデータの入力ミスは防がねばなりません。慎重に確認しつつ行うようにしましょう。
　具体的な入力のポイントですが、まずは質問票に書かれた回答をそのまま、ありのままに表計算ソフトに入力しましょう。当然ですが、選択肢式の設問の回答は、そのまま記号や番号を入力します。ただし、選択肢で「その他」等を選び具体的に「その他の内容」を記してもらった場合には、その内容をそのまま入力します。自由回答も、入力時には意訳を勝手にしないで（主観で解釈をしないで）、そのまま、一言一句入力するようにしましょう。
　そして、質問票に書かれた回答をファイルに入力できたらいよいよ分析に進みましょう。基礎的な分析としては、データを単純集計表やクロス集計表に整理します。単純集計とは、有効回答者が特定の設問に対し、どのように回答しているかを単純にカウントしたものです。選択肢1＝20人、選択肢2＝10人、選択肢3＝20人という形で、回答者全体を選択肢ごとに振り分けるイメージです。クロス集計は、与えられたデータのうち、2ないし3つ程度の項目に着目し、データの分析や集計を行うものです。1ないし2つの項目を縦軸におき、もう1つの項目を横軸において表を作成して集計を行うイメージです。
　以下のクロス集計表のサンプルは、大学の各学部（各学部の各学年の定員100名の大学）で留学をしたいと思う学生数を学年別に整理したも

のです。こうして「学部別」、「学年別」というように回答者を分類しておくことで、色々とデータ間に隠れている事実を抜き出すことが、データ分析の段階での醍醐味です。例えば、例にあげたクロス集計表のようにすれば、理工学部の3年生の留学希望が著しく少ない、法律学部で総体的に（全学年で）留学希望者が多い、経済学部では総体的に法律学部と理工学部の中間くらいの留学希望である、という感じで留学希望の状況を読み取ることができます。こうして縦軸と横軸に項目をそれぞれ設定して、全有効回答者を分類することで、結果に潜んでいる色々な現実を読み取ることができるわけです。

　ここで「分析」と「考察」の違いですが、上記ではデータを見るだけで理工学部の3年生の留学希望が著しく少ない、法律学部で総体的に（全学年で）留学希望者が多い、経済学部では総体的に法律学部と理工学部の中間くらいの留学希望である、という点が判りました。

資料：クロス集計表
（例：各学部で留学したいと思う学生数を学年別に表にしたもの）

	1年生	2年生	3年生	4年生	合計
経済学部	50	40	30	50	170
法律学部	60	60	70	65	255
理工学部	25	40	15	45	125
合計	135	140	115	160	550

　このように、調査結果を何らかの統計的技法（単純集計やクロス集計から有意差の検定・主成分分析・重回帰分析等様々な統計的な技法がありますので関連書籍を参照してください）にかけて、その結果を何の解釈も含めずに、そのまま読み取ることを社会調査の世界では「分析」と呼びます。これに、他の関連の現象を交えて分析結果に解釈を加えていくことを「考察」と呼びます。
　例えば、前にあげた分析の結果に「学生の外国語科目の成績表」を見たとします。もし理工学部の学生の英語の成績がよくなく、留学希望の学生が少ないのは、外国語の成績が平均的に悪く、それが影響している

と解説できます。同じように、「生協の海外旅行券購入の割合」を見て、理工学部の学生は海外旅行もしておらず外国への関心が低い学生が多いので留学希望が少ない、とも解釈できます。上記のように、分析した結果に他の事象を加え、結果を解釈して読み解くことが考察であり、研究の中でも大変面白いプロセスです。

　この分析と考察も、研究メンバーが複数確保できる様でしたら、不要な主観が入らないように個人で行わないようにしましょう。特に、考察の段階では、結果の背景に何があるかも探ることになり、背景に関わる一層多くの情報を複数の人間が検討して、みんなで解釈をすることが内容の妥当性を高め、質の高い研究につながります。この点を肝に銘じて分析と考察を進めましょう。

②インタビュー調査の分析と考察
――「発話に忠実な」議事録を作ることがポイント――

　インタビュー調査では、上記の調査参加同意書の項でも示したように、発話内容を録画・録音・パソコン入力することを回答者と約束しておきます。大切なことは、録画・録音・パソコン入力した、まさに生データを活用して発話に忠実な形式の議事録を作ることです。まとめ方のイメージとしては、ドラマや演劇の脚本のような感じでいいでしょう。グループインタビューであれば、A氏：「…………」、B氏：「………………」というように、発話内容をそのまま記録します。なぜ、発話内容に忠実とするかですが、その発話内容をデジタル化しておけば、発話内容の内容分析で、たくさん使われている用語や発話者間の考え方の共通点、差異を抽出しやすいからです。また、例えばある商品群から気に入ったものを選んでもらったとして、その選択に至った背景や考え方、根拠等を生の発言から明らかにしやすいからです。最初からダイジェストにまとめてしまうと、発話の背景にあるものを明らかにしづらくなるので、最初は発話に忠実な議事録を作りましょう。

　そして、「発話に忠実な」議事録をもとにして、次は議事録のダイジェスト（発話内容から要点を抜き出したもの）をまとめます。ここには回

答者の意見の共通点や差異、発話の背景やキーワードをまとめて、新しい製品・政策・サービスの構築に反映させるポイント及びヒントを中心にまとめるようにします。このダイジェストをまとめるポイントは、個別インタビュー調査やグループインタビュー調査に関わったメンバー全員で録音・録画とパソコン入力をした「発話に忠実な」議事録を見たり聞いたりしながら、みんなで要点を抜き出すことにあります。発話については、個人間で感じ方が異なる場合が多々あります。発話の背景にあるものを読み取る上でも、色々な解釈が存在してしまう場合がありえます。そうしたときに、メンバー全員で行えば、客観的かつ民主的に解釈をすることができるため、分析の妥当性の確保につながり、研究の質も向上します。各自がメモをノートに取っている場合もありますが、そうしたものも含め「発話に忠実な」議事録の読み合わせを行い、解釈の統一を進めることも大切な過程です。

　さらに、個別インタビュー・グループインタビュー共に、もし協力を得られる場合には回答者に議事録とダイジェストの確認を依頼します。もし問題があれば、当然指摘された部分の修正を行うようにします。こうして、複数名でのチェックを行い議事録やそのダイジェストを精選させるプロセスが重要ですので、この点をふまえて結果をまとめましょう。

③観察・記録調査の分析と考察—検討結果のデジタル化のポイント—

　観察・記録調査の分析については、録画・録音・メモ書き等の各種素材のすべてについて丁寧に見直します。本過程では、社会調査に関わったできるだけ多くの人が、一同に見ることがベターです。例えば、筆者（西山）は、公共交通政策が専門の一つで、鉄道の駅やバスターミナルでの高齢者や障がい者の利用状況をつぶさに、録画・録音・メモ等に基づき把握して、施設の問題点を把握する社会調査を実施してきました。当然、そこでは研究仲間に同席してもらい、みんなで高齢者や障がい者の駅やバスターミナルでの移動の状況を解明し、施設を改善するためのヒントを議論してきました。こうしたときに、録画したものをプロジェクタで画面に流し、メンバー相互に共有して、録画や録音を聞いたり見

たりして行った議論の結果を、もうひとつのプロジェクタで可視化しておくと（マイクロソフトのWordやPowerPoint等を活用して画面に投影して、メンバーの一人が議論の内容をどんどん入力する）、議論の結果のとりまとめも効果的かつ効率的に行うことができます。これが録画や録音等の観察・記録した各種素材をデジタル化する際の重要なポイントです。

　そして、上記のようにみんなで録画・録音・メモ等をもとに議論した生データの結果を基にして、観察・記録調査のダイジェスト、すなわち観察・記録を行った日時や場所等の基本情報や判った現象や問題点と解決の方向性等を簡潔にまとめた文書をまとめます。インタビュー調査と同様ですが、観察・記録を受ける方の許可を得られる際には、回答者に観察・記録調査のまとめ（判った現象や問題点と解決の方向性等をまとめた文書）の確認を依頼します。もし、問題があった場合には、当然指摘された部分の修正を行うようにします。こうして複数名でのチェックを行い、観察・記録調査の結果の解釈を精選させるプロセスが重要になります。また、観察・記録でプライバシーに関わる情報がやむなく記録されることも多々あります。例えば、行動追跡調査で自宅の中や立ち寄ったところが、調査者以外に判る等のことを避けたい人は多くいます。観察・記録物の管理も当然ながら慎重に行いましょう。

　観察・記録調査では、人の移動や交通量の変化等、特定の現象のありのままを記録してそこから新しい製品・政策、サービスの構築に反映させるポイントを抽出して、提案することに醍醐味があります。インタビュー調査と共通で、特定の現象のありのままを見つつ現象に潜んでいる問題点を抜き出し整理するときにも、人それぞれの解釈及び気付きが出てきます。それらを議論によって収斂させることが研究の重要なプロセスであり楽しさです。

　観察・記録調査では録画や録音、メモをしたものがすべて分析・考察の対象になります。それだけに、客観的で公平に、記録した現象を丁寧に解釈することが重要です。みなさんには、この点を肝に銘じつつ観察・記録調査を展開して結果をまとめてほしいと思います。

④結果のプレゼンテーション－研究発表でおさえるべきポイント－

　社会調査の結果を分析・考察して、本書が主な対象とする大学生や大学院生の皆さんが次に行うことは通常、研究室やプロジェクトグループでのプレゼンテーションだと思います。成果を報告するときには、通常教授をはじめとする専門家でも、次の流れで行うことが標準で判りやすいです。

【プレゼンテーションの流れと盛り込むべき10カ条】
（1）プレゼンテーションのタイトル、発表日、発表者の所属・氏名・E-mailアドレス
（2）プレゼンテーションの目次
（3）研究の背景や問題意識
（4）研究の目的
（5）研究の手法
（6）社会調査で得た結果
（7）考察
（8）研究のこれからの課題
（9）研究で得られた知見のまとめと主張したいこと
（10）参考文献と謝辞

　特に、社会調査を伴う研究で重要なことは、「5、研究の手法」です。ここは、できるだけ判り易く、かつ、丁寧に伝える努力をしてください。例えば聞き手は、社会調査の方法をしっかり把握して、得られたデータの信憑性を評価します。これまで本書で述べてきたような方法に則って社会調査を行えば、信憑性のあるデータをとれると思いますが、実施内容を簡潔で判り易く書きましょう。いわゆる、前述した社会調査の「5W1H」を簡潔かつ判り易く書いてください。筆者は、卒業論文や修士論文、博士論文の審査会、学会等、多様な場で社会調査を伴う学術

発表を聞きますが、社会調査の手法に関連する説明がいい加減であると、必ず聞き手の誰かが指摘しています。

それだけ社会調査では手法の確かさの担保が重要ということの証ですが、この説明で（6）の社会調査で得た結果、（7）の結果の考察に対する評価も全く異なってきます。「しっかりと調査ができていて良い研究だ」と聞き手側を満足させる上でも、社会調査の手法は重要です。逆に、手法を誤ると聞き手を不満にさせ研究に対する評価も低くなるものです。（6）の結果のところには、有効回答数や有効回答率等もしっかり示します。（9）には、社会調査をした結果と考察に基づき、そのまとめと提言したい内容を書きます。例えば、新規的な問題の解決へのビジョンやサービスの提案、製品コンセプトの提案等を書き、聞き手に訴求します。（10）では、社会調査に協力してくれた方、質問票配布や被験者獲得に協力してくれた方への感謝の気持ちを書きます。参考文献も書いて、研究の論拠等についても明確に示しましょう。

もう少しビジュアルなことを言うと、パワーポイントでプレゼンテーションする場合はスライド内の文字を通常24pt以上のものにしてください。プロジェクタに投影して発表をするのが最近は通例ですが、筆者（西山）が、研究の主対象とする高齢者にプレゼンテーションすると、大体24pt以下では不満が出てきます。誰にでも判るようにする上では24ptより大きな文字を使うのが賢明で、聞き手のモチベーションの維持にもつながります。また、背景と文字色は、コントラストの強いものを選ぶと、視認性が増し、見やすくなります。例えば紺地に白文字と黄文字を用いるなど明度の違いを生かして見やすいスライドにしましょう。

さらに、1つのスライドでは要点を3点に絞り述べるのがいいと思います。要は、箇条書きが3点に絞られているようなイメージでとらえてください。これは日々研究を行い、プレゼンテーションを行う筆者の経験則ですが、4点以上の箇条書きでは、要点が多くて理解がプレゼンテーションについていかない、2点以下では説明に対する物足りなさを聞き手側が感じるという現象が見られます。ゆえに、スライド1枚で3つのポイント、というのがよいという訳です。案外、これはプロフェッショ

ナルな研究者の世界でも守られている暗黙の経験則という感じですが、参考にしてよいノウハウだと思います。パワーポイントはその名の通り、プレゼンテーションの内容の「力点」をまとめるためのもので、Wordのように詳細に内容を書くものではありません。その本質に立ち戻り主張したいことだけを厳選し、資料を制作するようにしてください。併せて、プレゼンテーションには「1分1枚」の原則があります。これは、企業でのプレゼンテーションでも社員に遵守を求めているところが多いのですが、1分1枚程度の発表速度が理解を促すのに適当と言われています。1スライドで3点のポイントに絞り、1分1枚程度で全体を構成することが発表計画のときのポイントです。

またアニメーション機能は、発表部分に限定して強調する場合には効果的ですが、聞き手にとっては、スライド1枚分の全体像が捉えづらくなります。そのため、アニメーション機能は多用しないように、特に強調したいところだけ使用すると良いでしょう。

プレゼンテーションではグラフや画像等、結果をビジュアルに示す資料を用いることも想定されます。この場合は、判り易くすることは言うまでもないですが、通常は1つのスライドで、左側に資料をのせ、右側に考察等を書くようにします。ここで応用テクニックですが、画面が2枚ある場所でプレゼンテーションができる場合には、左側の全面にグラフ等のビジュアルな資料を出しておき、右側に考察や提案内容を示すということもできます。発表会場の設備を熟知しながら、発表計画を立てることも重要です。

⑤結果のフィードバック
――調査協力者、さらには市民への公開こそが信頼へ――

調査結果の分析及び考察が終了したら、その結果のフィードバック（社会への還元）も検討しましょう。最も実社会にインパクトがある方法は、マスコミに調査の成果を取り上げてもらうものです。日々新聞を読んでいると、○○大学の社会調査で△△が明らかになったというような記事を目にします。テレビやラジオのニュースが取り上げてくれる場合

もあります。もちろん、本書で述べてきたような一定水準を保った社会調査に基づく成果でないととりあげてはくれませんが、逆に言えば、しっかりとした手続きを踏めば、学部生や大学院生の調査の成果でもマスコミが取り上げてくれる可能性が高いということです。研究室の教員等にマスコミに縁がある人も多く、教員と相談しつつマスコミに成果公表の相談をすれば良いかと思います。

　近年、もっとも標準的な成果の還元方法は、大学生や大学院生の場合、Webサイトを作り、そこに成果の概要版をアップすることです。主に、pdf形式等で掲載されている例が、最近は増えてきました。プレゼンテーションで使用したパワーポイントのpdfや、論文のpdfを掲載することもよくあります。研究室自体がWebサイトを持つ場合も極めて多くなりましたが、そこに調査成果を同様にアップすることも標準的な還元方法になってきました。Webサイトでの成果還元の場合、URLを調査の謝辞と共に示すことができ効果的です。

　さらに、最近は学部生の高学年（3年・4年）や大学院生が教員と連名で学会発表を行い、調査の成果を還元するケースも増えてきました。学会も、研究発表の質を高め、会の活性化を図る目的で、若手奨励賞等を設けて積極的な成果発表を促しています。学会というと、どこか堅苦しいイメージがあるかもしれませんが、学部生の若手でも発表しやすい雰囲気が出てきていますので、積極的にトライしてほしいと思います。大学教員等の専門家に批評してもらいながら、さらに研究のステップアップを図るチャンスとなります。こうして、社会調査という活動は、成果の発表だけでなく成果の公開までを計画に含めて実施しましょう。

　広く市民に成果を公開して、議論の材料にしてもらうことが社会調査という知的活動の大きな意義です。問題解決や新しいサービス・政策・製品の開発につながる、社会を良くするために行っている活動であることを忘れないで、成果の広報にも力を注いでください。

5. まとめ

　こうして、一連のデータの集め方としての様々な社会調査の概要、得られたデータの分析でのポイント、成果のまとめと発表の仕方のポイントを本章でまとめました。学術論文をまとめる上でのテクニックが、これだけでも十分身についたはずで、これから本格的に、アカデミック・スキルズとしての社会調査・データ分析の手法をおさえ研究を始める学部生から、実社会から大学院へもどり研究を再度開始する大学院生まで、多くの人に役立つノウハウになるはずです。ただしこれはあくまで、一般的な研究のデータ分析を伴う研究のフローでありますから、以下では実際の定量データ、定性データの各種分析手法について、豊富な事例をもとに学んでほしいと思います。

第4章
研究例（定量編）

1. はじめに

　この章では、実際に統計ソフトを用いて、定量データの分析の例を紹介します。今回は SAS 社の「JMP」という統計ソフトを使います。他にも同じ SAS 社の「SAS」や、IBM 社の「SPSS」など、多種多様な統計ソフトがありますが、基本的にはどれでも同じような分析結果が得られるはずですので、適宜読み替えてください。

　ただし、統計ソフトではなく、表計算ソフトの場合は不可能な（もしくは難しい）分析手法があります。統計ソフトを個人で買うことは滅多にないと思いますから、あなたの所属している大学や企業が契約した統計ソフトを使って勉強してください。

　ここまでに挙げた統計ソフトは商用でプロプライエタリな（使用・改変・複製に何らかの制限がある）ものばかりです。オープンソースが大好きなあなたは統計向けのプログラミング言語「R」で分析してはいかがでしょうか。GNU GPL に準拠している上、多くのプラットフォーム上で動作するので、あなたの所属や環境が変わっても使い続けられます。

　ここで使用した統計データは、CSV 形式（p.14 コラム参照）で慶應義塾大学出版会のウェブサイト（http://www.keio-up.co.jp/kup/acskd/）にアップロードしてあります。第 1 章のコラムでも触れられていますが、CSV は数多くの表計算ソフトや統計ソフトで読み書きできるファイル形式です。データをカンマなどで区切っただけのシンプルな構造で、テキストエディタで操作することも可能です。

2. 用語解説

　この節では、データ分析ならびに統計学における基本的な用語を確認します。

「平均」
　皆さんが日頃、耳にする平均は「相加平均」というものです。相加平均は、皆さんが集めてきたデータの値の総和を取り、データの個数で割った値のことをいいます。
　例えば、今日Aさんが食べたランチの代金が850円、Bさんが1080円、Cさんが770円だとしたら、3人の総和は2700円、それをデータの数すなわち3で割った900円が、3人が今日のランチに使った費用の平均です。

「分散と標準偏差」
　「分散」と「標準偏差」は、データの値たちがその平均からどれだけ離れているかを知るための指標です。
　まず、それぞれのデータの値と平均との差を取ってみましょう、先に述べたランチの代金でいうと、平均は900円でした。Aさんは850－900＝－50、Bさんは1080－900＝180、Cさんは770－900＝－130となります。
　このままではプラスとマイナスが入り交じって評価が難しいので、それぞれ2乗してプラスにそろえておきます。これらの値すべてを足し合わせてデータの個数で割ったものが「分散」です。ランチの代金は、

$$\frac{(-50)^2 + 180^2 + (-130)^2}{3} \fallingdotseq 17266.7$$

　これが分散となります。でも分散の値が求まっただけでは、平均からどれだけ離れているか評価できません。ここでDさん、Eさん、Fさんにも御登場願いま

しょう。

その日のお昼、Dさんはホテルのビュッフェで2700円支払いました。Eさんと Fさんは財布を忘れたので水を飲んで我慢し、0円で空腹をしのいだそうです。 DさんEさんFさんの平均はAさんBさんCさんと同じ900円ですが、分散は

$$\frac{(2700-900)^2 + (0-900)^2 + (0-900)^2}{3} = 1620000$$

となります。

この2つの値を見比べれば、AさんBさんCさんの分散より、DさんEさんFさんの分散が大きいことがわかります。分散の値が大きいほど、データの値たちが平均からより離れていることを意味します。

さて、今までに計算した分散の、正の平方根を「標準偏差」といいます。しばしばこれを「σ（シグマ）」と書きます。ランチの代金についてAさんBさんCさんとDさんEさんFさんの標準偏差はそれぞれ

$$\sqrt{\frac{(-50)^2 + 180^2 + (-130)^2}{3}} \fallingdotseq 131.40$$

$$\sqrt{\frac{(1800)^2 + (-900)^2 + (-900)^2}{3}} \fallingdotseq 1279.79$$

になりますね。標準偏差も分散と同様にデータの値たちのばらつき具合の指標です。これは工業的には重要な意味を持ちます。ある製品の寸法の誤差が正規分布（次頁で説明）に従うとすれば、製品のおよそ99.7％が－3σ〜＋3σの範囲に収まることがわかっています（他にも、－2σ〜＋2σの範囲には95.5％が－σ〜＋σの範囲には、68.3％の製品が収まります）。例えば工場で作ったネジの長さが10ミリ、標準偏差が0.2ミリだとすれば、1000個作ったうちの997個程度は9.94〔＝10－(3×0.2)〕ミリから10.6〔＝10＋(3×0.2)〕ミリの間にあるであろうことがわかるのです。

「確率分布」

ある変数がどのような確率でどのような値を返すかは「確率分布」で表現することができます。コインを投げたとき、表を上に向けて落ちる

確率は2分の1、裏を上に向けて落ちる確率は2分の1と書くだけでも確率分布ですが、連続的な値を返す場合はグラフなどで示した方が分かりやすいでしょう。

離散型（とびとびの値をとる）では二項分布、ポアソン分布、連続型（値がずっとつながっている）では正規分布、指数分布など、有名な確率分布は昔から研究されていて、どの分布に従うか、知られている事象が、この世界には数多くあります。興味のある方は専門書で調べてみてください。

「正規分布」

「正規分布」は連続的な確率分布のひとつです。グラフで表現すると、平均値のところに山の頂上があり、そこから左右へ緩やかに下っています。

人間の身長、先に述べた工業製品の寸法の誤差などがこの正規分布に従うことが知られています。確かに平均身長に近い人は多く見かけますが、平均身長から大きく離れると、すなわち極端に背の高い人や低い人は少なくなりますね。

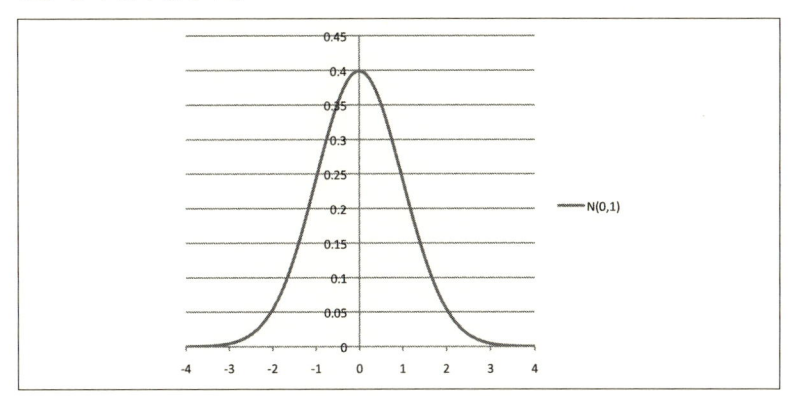

平均0、標準偏差1の正規分布曲線

「母集団」

母集団は、調査対象全体を意味する言葉です。例えば、世論調査では有権者全体、製品調査では今まで製造した当該製品すべて、ととても大

きな集合が現れて、調べるのに時間がかかったり、調べることが不可能な母集団がある一方、あるクラスの文化祭での出し物決めアンケート、サークルのコンパでの注文取りまとめ、など比較的簡単にすべて調べられる程度の母集団も存在します。

「標本」

母集団の一部を抽出したものが「標本」です。例えば母集団があまりに大きいなどの理由から、その一部だけを調べることを「標本調査」といいます。

「中央値」

データを小さい順もしくは大きい順に並べたとき、ちょうど真ん中にきた値を「中央値」といいます。もしデータの数が偶数だったときは、真ん中に近い2つの値の平均を中央値とします。例えば先に挙げたAさん、Bさん、Cさんのランチの代金なら中央値は850、また「1, 2, 3, 4」からなるデータの値たちなら中央値は2.5となります。

国民の年収など、億万長者すなわち極端に大きな値が平均を引っ張ってしまう場合、平均よりは中央値の方がその国民の暮らしぶりを的確に表現できているといえるでしょう。

コラム：なぜ表計算ソフトを使わないのか

この章では、統計学の勉強には表計算ソフトではなく統計ソフトを使うよう指示してあります。高校までの情報の授業で表計算ソフトを使ってきた学生も多いというのに、わざわざ別のソフトウェアの操作を覚える必要があるのです。いったいどうしてでしょう。

これを理解してもらうには、統計学を2つに大別する概念「記述統計学」と「推計統計学」が必要になります。

記述統計学は調査対象の母集団の特徴を調べることが目的で、いわゆる表計算ソフトでもその多くを達成できるでしょう。例えば、ある学校

のあるクラスに所属する生徒の身長の平均なら、生徒一人ひとりの計測への協力が得られさえすれば、表計算ソフトを使うまでもなく筆算もしくは電卓で計算できますね。

　推計統計学は、母集団が大きすぎる場合などに、標本から得られる統計量と母集団が持つパラメータとの間になんらかの関係を見いだすことが目的です。例えば、あるクラスの生徒全員の身長データから、その学年全体での平均身長を推計することは、表計算ソフトにはいささか荷が重いでしょう。もしあなたが使う表計算ソフトに限界を感じ始めることがあれば、推計統計学の領域に入ったことを疑うと良いでしょう。この領域でよく出る推計、推定といったものは、いわゆる統計ソフトが得意としているのです。

　実は、表計算ソフトにも統計学用のアドイン（機能拡張ソフト）があり、別途それを導入することで統計ソフトと同じようなことができます。ですが、不思議とこの環境で統計教育を行う大学を見かけません。これには歴史的な理由があります。

　昔々、といってもコンピュータが誕生してからの話です。これからは手計算どころではないと、ある研究分野に統計ソフトを持ち込んだ教授（たち）がいました。その教授に師事した学生はたいてい、教授に倣い同じソフトを使うものです。先ほどの学生が教授になり、また彼の学生が教授になり、そうやって積み重ねられたたくさんの統計データたち、すなわち「統計ライブラリ」は、いつの間にか特定の統計ソフトに対応したものばかりになってきたのです。もちろん、その統計ソフトはその分野においてデファクトスタンダード（事実上の標準）の地位を確立するまでになっています。

　なお、多くの研究分野には古くから使われてきた統計ソフトというものがあります。通常はデファクトスタンダードなソフト以外の統計ソフトを使って論文を書いても、「実績がない」ことを理由に計算が正しいことをなかなか信じてもらえません。ですから、あなたは担当している教授に指示された統計ソフトを使うようにしてください。

コラム：仮説検定

　この章では、「仮説検定」という手法を何度も行っています。
　この手法は、あなたが主張したいこと（命題）を否定する命題を統計学的に棄却することにより、その主張が正しいことを示そうとするものです。
　統計学の世界では、この棄却したい命題を帰無仮説、帰無仮説の否定命題を対立仮説と呼びます。帰無仮説を棄却すれば、対立仮説を採択することになるので、あなたが主張したいことと対立仮説は同じものになるでしょう。
　さて、どうしてこのような回りくどい手法が必要なのでしょう。
　高校の数学の授業で、「背理法」を学んだ方は多いと思います。これは、ある命題を証明するため、その否定命題を仮定して矛盾を導くというものでした。その授業では、ある命題が正しいと証明することは面倒ですが、その否定命題が矛盾を生ずると証明することは比較的簡単だったでしょう。
　統計の世界でも、同じようなことが起きるのです。もちろん、論理にしたがって矛盾を導くわけではないので、検定の結果、間違い（過誤）が生じる可能性はあります。実際は帰無仮説が真であるのに、間違ってそれを棄却することを「第一種の過誤」、実際は対立仮説が真であるのに、間違って帰無仮説を採択することを「第二種の過誤」と呼びます。本章で何度も出てくる「有意水準」とは、第一種の過誤を犯す確率のことなのです。
　一般に、第一種の過誤を減らそうとすれば第二種の過誤が増え、逆に第二種の過誤を減らそうとすれば第一種の過誤が増えるので、互いのバランスを取る必要があります。研究分野によって有意水準とする数字がそれぞれ異なりますが、その理由の一つがバランスをどう取るかということなのです。

3. 平均値の差の検定

　平均値の差の検定は、複数のグループそれぞれの平均値に差があるかどうかを知りたいときに使用します。

　ここでは、「大学生消費動向調査.csv」を用います。このデータは、「大学生の消費動向は一体どのようなものであるのか、各大学でその傾向は変わるのか」を調べるために収集されたものです。2012年6月、4つの大学の学生に対し、先月（2012年5月）のバイト代、現在の貯金額、先月の仕送り（小遣い）、先月もっともお金を使った事柄をアンケートしています。

　まずは、2グループ間の比較を行います。A大学生とB大学生の貯金額を比べてみましょう。元々あったC大学とD大学の行を除外または一時的に削除し、AとBの2大学でt検定（Student's t-test）を行った結果が図1です。

　ここで注目してほしい情報は**p値（Prob>|t|）**です。

　これは「A大学生全体とB大学生全体の貯金平均額には差がない」という帰無仮説を採用した場合に、今回のようなサンプリングが生じる確率は4.22%であると計算しています。

　一般にはp値が5%を下回った場合、帰無仮説を棄却できるので、「A

大学生消費動向調査.csv（一部）

バイト代	貯金額	仕送り（小遣い）	所属
80000	750000	0	A大学
70000	980000	0	A大学
110000	150000	0	A大学
37000	350000	0	A大学
0	220000	50000	A大学
10000	800000	0	A大学
9000	0	30000	A大学
70000	120000	60000	A大学
80000	50000	40000	A大学
0	500000	150000	A大学
0	500000	40000	A大学
40000	800000	60000	A大学
50000	0	0	A大学
0	1000000	20000	A大学
16000	300000	30000	A大学
0	52000	50000	B大学
20000	20000	0	B大学
20000	250000	0	B大学
14000	80000	0	B大学
0	20000	0	B大学

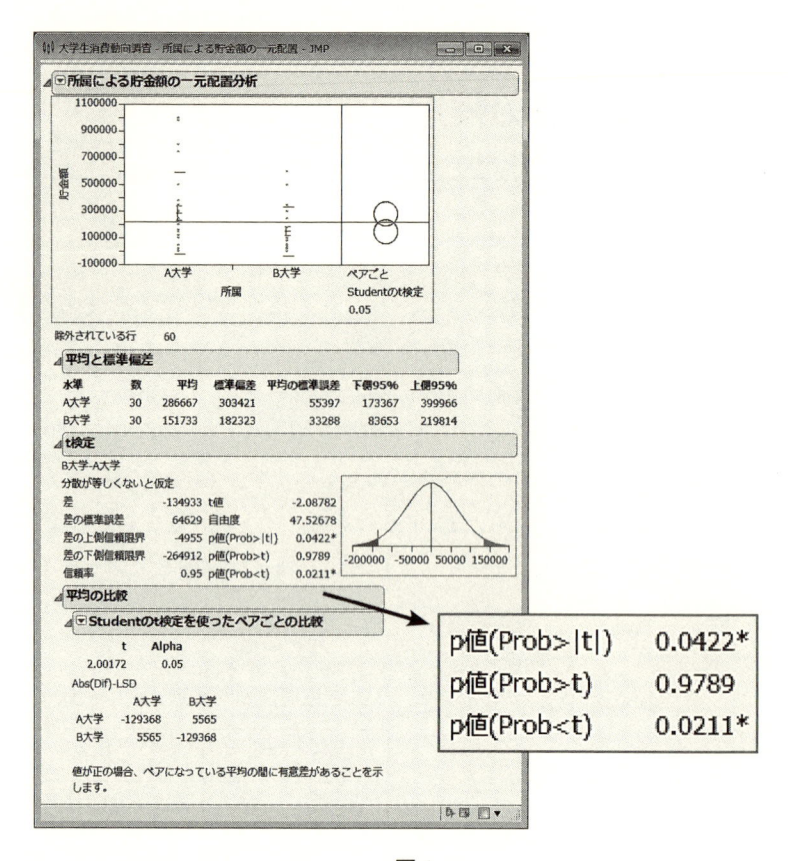

図1

大学生全体とB大学生全体の貯金平均額には（有意水準5%で）有意な差がある」といえます。

では、p値（Prob>|t|）の下に書いてある、p値（Prob>t）とp値（Prob<t）はなんでしょう。

これは片側検定といって、2グループの母平均の関係についてあなたがなんらかの知見を持つ場合に用いることができるものです。例えば、ある学校の男子生徒と女子生徒の身長を比べる場合に使うことができるでしょう。それは、あなたが一般的に女子より男子の方が背が高いことを知っているからです。

コラム：3グループ以上を比べたいとき

　ここまでは2グループ間の比較でしたが、3グループ以上を比べたいときはどうすれば良いでしょう。t検定を繰り返し行うことは禁じられています。詳しくは述べませんが、それは比較するグループの数が増えれば増えるほど、有意差があると結論付ける可能性が大きくなってしまうからです。

　代わりにTukey-KramerのHSD（Honestly Significant Difference）検定を用いますが、この検定の前に、別の検定を行う必要があります。

　まず「全グループのバイト代の平均は等しい」という帰無仮説を評価します。これは分散分析のF検定と呼ばれていて、その結果は図2上側、F

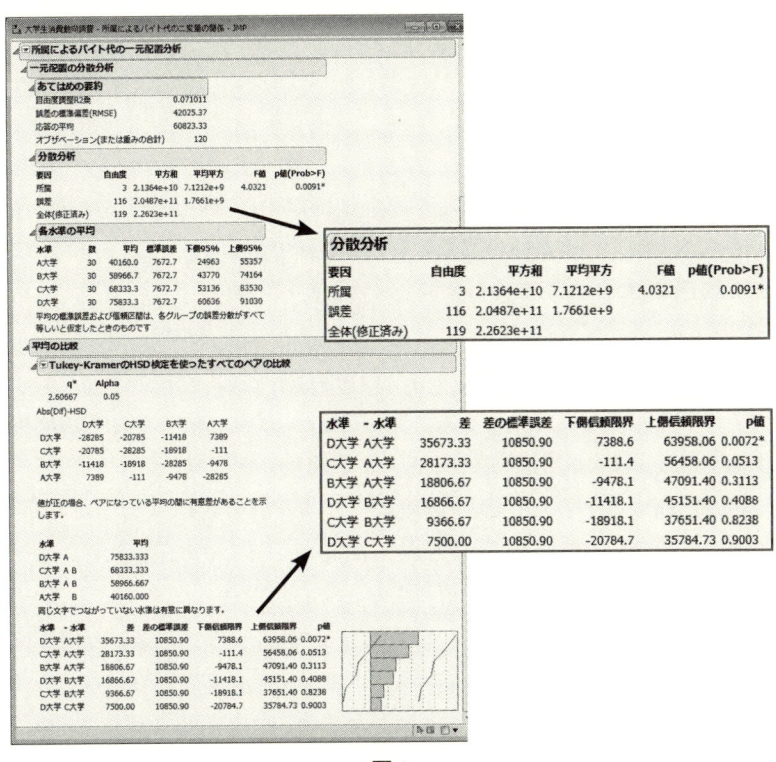

図2

第4章　研究例（定量編）

値の隣にあるp値（Prob>F）を見ることで分かります。有意水準を5%にとっていたならば帰無仮説は棄却できますので、図2下側Tukey-KramerのHSD検定に移ります。

ここで注目するべきは、ペアごとに示されているp値です。この値が有意水準である5%を下回っているペアには、有意差があることを示しているのです。今回の例ではA大学とD大学の間でのみ有意差（p値0.0072）が認められました。

・・・・・・・・・・・・・・・・・・・・・・・・・・・

4. クロス集計表

クロス集計表は順序尺度や名義尺度などで測定されたデータに多く用いられる手法で、変量間の関係の有無を判断できます。

この節では、「スクラムの勝敗.csv」を使って勉強しましょう。このデータは、ラグビーの試合中に味方の8人と敵の8人が押し合いボールを取り合うスクラムにおいて、「各要因が勝敗にどれだけ関わり、プレイヤーは何を重点的に意識してスクラムを組めばいいのか（江頭和輝君の期末レポートより引用）」を知るために収集されたものです。

彼が所属するサークルで実力の近い2グループを集め、1日20回のスクラムを5日分、のべ100回を調査しました。データに記されているラグビー用語の説明は専門書に譲ります。

勝敗を目的変数（説明したい変数）、「3、組む直前、相手より低い位置でキープできたか」を説明変数（説明に使いたい変数）にしたクロス集計表が図3です。JMPでは、クロス集計表のことを「分割表」と呼んでいることに注意してください。

スクラムの勝敗.csv（一部）

勝敗	1,フッカーが組む瞬間プロップをしっかり押せたか	2,フッカーがしっかりバインドできたか	3,組む直前、相手より低い位置でキープできたか	4,組んだ後、首の力を落とさずにキープできたか
勝ち	はい	はい	はい	はい
勝ち	はい	いいえ	いいえ	はい
負け	いいえ	はい	いいえ	はい
勝ち	はい	はい	はい	いいえ
負け	いいえ	いいえ	いいえ	はい
勝ち	はい	はい	はい	いいえ
勝ち	はい	はい	はい	いいえ

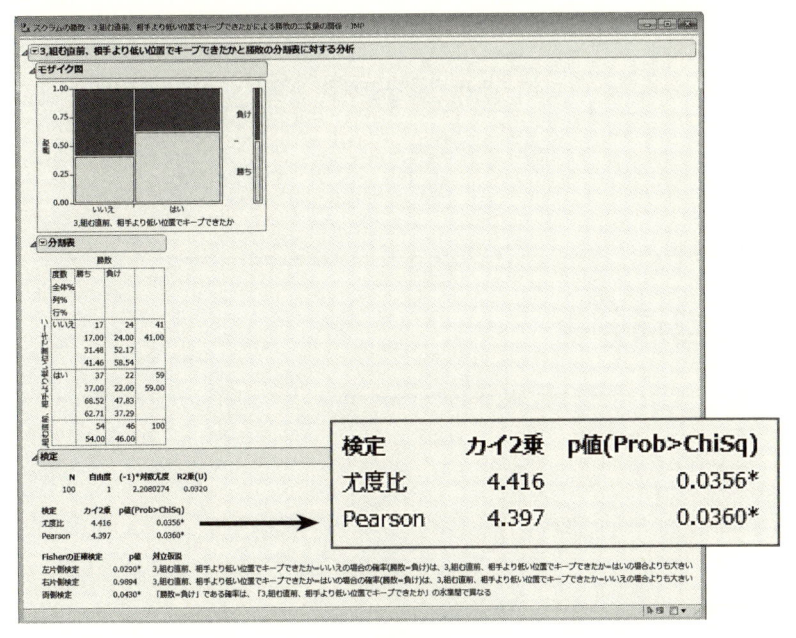

検定	カイ2乗	p値(Prob>ChiSq)
尤度比	4.416	0.0356*
Pearson	4.397	0.0360*

図3

　図3の上側にあるのは、クロス集計表を視覚的に表現した「モザイク図」というものです。これを観察すると、「3,組む直前、相手より低い位置でキープできたか」が「はい」のとき勝ちが多く、「いいえ」のとき負けが多くなっています。どうやらこれが勝敗に影響を与えているようです。ただし、主観だけではとてもデータ分析とは名乗れないので、仮

説検定を行います。

　ここでの帰無仮説は「組む直前、相手より低い位置でキープできたかとスクラムの勝敗には関係がない」で、対立仮説は「組む直前、相手より低い位置でキープできたかとスクラムの勝敗には関係がある」です。
　ここで行うのはカイ2乗検定というもので、その結果は既に図3に示されています。図3の下側「検定」欄にある、Pearsonのp値が5%を意味する0.05を下回っていれば、帰無仮説を有意水準5%で棄却できます。この場合0.0360とあるので、先述の帰無仮説は棄却できました。すなわち、組む直前、相手より低い位置でキープできたかが勝敗に影響しているといえるのです。
　他の7要素についても、それぞれ帰無仮説が棄却できるかどうか、各自試してください。

5. 回帰分析

　回帰分析とは予測式を作ることです。因果関係を持つ複数の量的データの関係を表現する1次式（$y=ax+b$）を求めます。
　この節では目的変数（被説明変数）と説明変数の間に1次式を当てはめます。さっそく、「数学試験成績.csv」を使って勉強しましょう。このデータは、とある高校の3年A組とB組に属する生徒の数学の試験成績を集計したものです。

　まずは説明変数が1つだけの分析、単回帰分析を行います。求める1次式は$y=ax+b$です。
　ここでは、1学期中間試験の成績で（xとする＝説明変数）、1学期期

数学試験成績.csv（一部）

所属	出席番号	1学期中間試験	1学期期末試験	2学期中間試験	2学期期末試験
3年A組	27	63	66	40	75
3年A組	28	70	87	50	85
3年A組	29	75	86	63	78
3年A組	30	55	78	0	76
3年A組	31	70	84	40	81
3年B組	1	68	81	37	64
3年B組	2	75	84	37	75

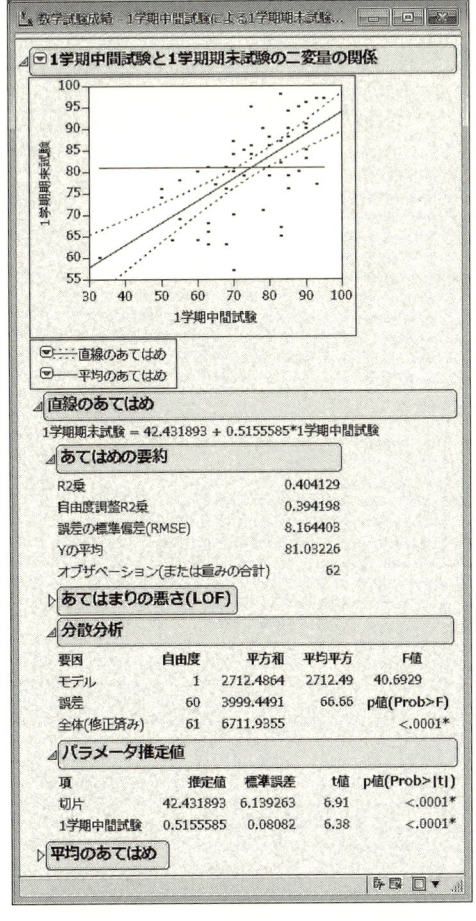

1学期中間試験と1学期期末試験の二変量の関係

直線のあてはめ

1学期期末試験 = 42.431893 + 0.5155585*1学期中間試験

あてはめの要約

R2乗	0.404129
自由度調整R2乗	0.394198
誤差の標準偏差(RMSE)	8.164403
Yの平均	81.03226
オブザベーション（または重みの合計）	62

あてはまりの悪さ(LOF)

分散分析

要因	自由度	平方和	平均平方	F値
モデル	1	2712.4864	2712.49	40.6929
誤差	60	3999.4491	66.66	p値(Prob>F)
全体(修正済み)	61	6711.9355		<.0001*

パラメータ推定値

項	推定値	標準誤差	t値	p値(Prob>|t|)
切片	42.431893	6.139263	6.91	<.0001*
1学期中間試験	0.5155585	0.08082	6.38	<.0001*

平均のあてはめ

図4

末試験の成績（yとする＝目的変数）を説明しましょう。

　最初に見るべきは図4の「直線のあてはめ」と「あてはめの要約」です。ここに分析結果の1次式が示されています。

1学期期末試験 ＝ 42.431893 ＋ 0.5155585*1学期中間試験
R2乗　　　　　　　　　　0.404129
誤差の標準偏差（RMSE）　8.164403

　分析結果の1次式において、1学期中間試験の係数が正であることから、どうやら1学期期末試験と1学期中間試験の間には正の相関があるようです。

　あとは、図4の「パラメータ推定値」の「1学期中間試験」欄にも注目しましょう。ここのp値（Prob>|t|）が大きいと、回帰係数の有意性に関わります。今回は5％すなわち0.05を下回っているので、1学期中間試験が良く出来た生徒ほど1学期期末試験が良く出来たこと、中間試験で1点獲得するごとに期末試験でおよそ0.52点獲得していることがわかりました。

　図4上部の1次式の上と下の点線は信頼区間曲線というもので、母集団全体から得られる真の回帰直線が95％の確率でこの点線の内側に入ります。図4上部の平均を示す直線がここで示した範囲に収まらないことからも、回帰係数の有意性を確認することが出来ます。

　次は説明変数が複数の分析、重回帰分析を行います。求める1次式は$y=a_1x_1+a_2x_2+a_3x_3+b$ です。
　1学期中間試験、1学期期末試験、2学期中間試験の成績で、2学期期末試験の成績を説明しましょう。

　今度は少々すっきりしない結果になりました（図5）。
　変数のp値はどれも5％を下回っているのですが、「1学期中間試験」の係数が負になっています。これは説明変数間に強い相関があることに

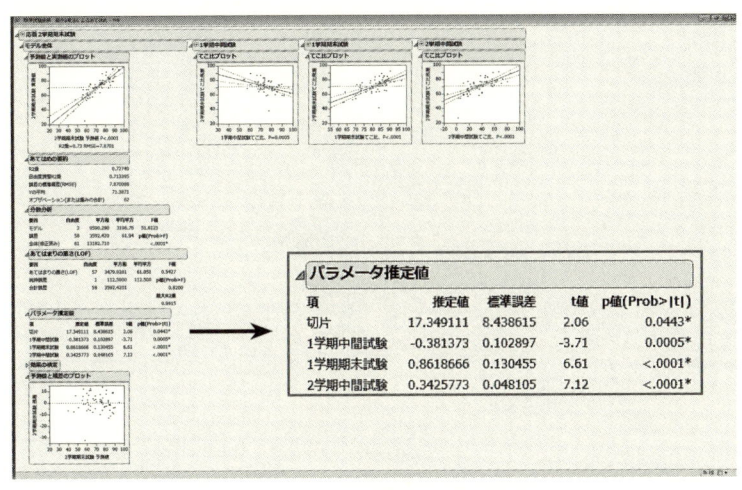

図5

よって生じる「多重共線性」なるものを疑わなければなりません。先ほどR2乗の値が小さいながらも「1学期中間試験」から「1学期期末試験」を説明できたように、説明変数間に相関があることは間違いないでしょう。

それでは、いささか安易ですが、説明変数から「1学期中間試験」を除いて分析をやり直しましょう。

今度はどの係数も正で説明できています。単回帰分析のときと同じように、1次式で書いてみましょう。重回帰分析では、R2乗の代わりに自由度調整R2乗を使ってください。

2学期期末試験＝11.102712+0.6025373*1学期期末試験＋
　0.3078356*2学期中間試験
自由度調整R2乗　　　　　　0.651522
誤差の標準偏差(RMSE)　　　8.678112

今回もp値（Prob>|t|）に問題はなかったので、1学期期末試験と2学期中間試験が良く出来た生徒ほど2学期期末試験が良く出来たこと、1

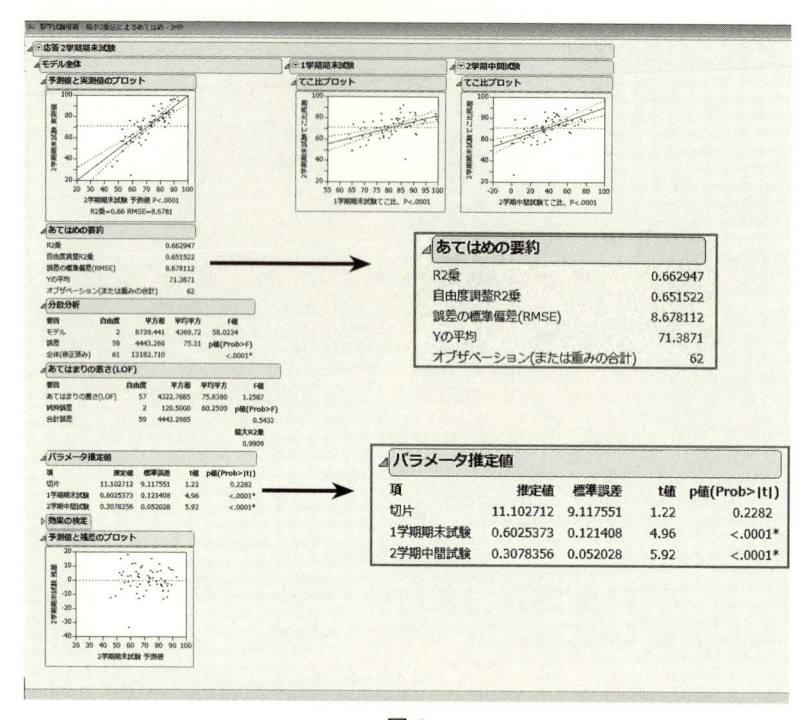

図6

学期期末試験で1点獲得するごとに2学期期末試験で0.60点獲得していること、2学期中間試験で1点獲得するごとに2学期期末試験で0.31点獲得していることがわかりました。

6. 主成分分析と因子分析

　主成分分析と因子分析は、操作を見る限りはよく似た手法ですが、求めようとするものが異なります。
　主成分分析は、収集したデータの変数空間に新たな軸すなわち主成分を与えることが目的で、因子分析は、いくつかの変数に共通する因子を抽出することが目的なのです。しかし、こういう説明だけで皆さんに分かってもらえるとはとても思えないので、実際のデータを使いながら勉強していきましょう。
　主成分分析では、「科学への興味.csv」を用います。このデータは、2つめに学ぶ外国語として「選択した言語とその人が興味をもっている興味分野の関連性を調べる。言語と興味分野に関連性が出てきたら、なぜ言語と興味分野が結びつくのかを分析（宮坂航亮君の期末レポートより引用）」するために収集されたもので、Webにてアンケートが行われました。この章ではデータ分析の手法を紹介するため、あえて彼の目的とは異なる分析を行っています。

科学への興味.csv（一部）

名前 (イニシャル)	第2外国語	人文科学	社会科学	自然科学	応用科学
K.M.	ドイツ語	4	8	8	8
K.M.	ドイツ語	1	5	8	8
H.M.	ドイツ語	3	8	7	3
A.T.	ドイツ語	5	6	10	10
S.K.	ドイツ語	10	10	4	6
H.W.	ドイツ語	10	6	4	4
M.R.	ドイツ語	6	10	9	7
G.K.	ドイツ語	10	4	2	8
Y.T	ドイツ語	3	10	5	5

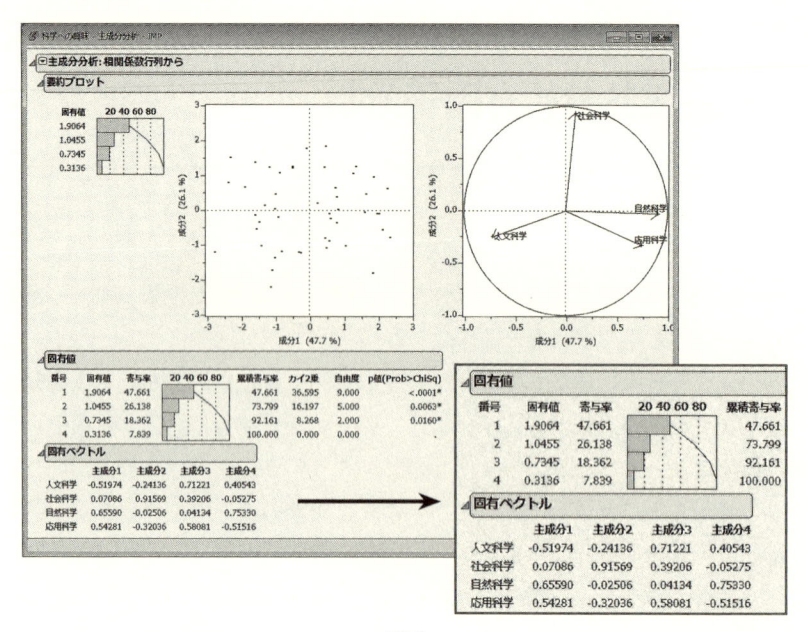

図7

　このアンケートでは、人文科学、社会科学、自然科学、応用科学それぞれへの興味の強さを10点満点で示してもらっています。
　早速ですが主成分分析の結果を図7に示します。出力の解釈は、下の「固有値」欄と「固有ベクトル」欄を見ながら進めるのがわかりやすいでしょう。
　主成分1の列を見てください。自然科学と応用科学が大きな正の値を示していますね。これを「強い正の負荷を取る」といいます。逆に人文科学は大きな負の値を示していますね。これを「強い負の負荷を取る」といいます。このことから、主成分1はアンケート回答者のいわゆる「理系寄りか文系寄りか」を示す成分だと考えられます。
　主成分2は、社会科学だけが強い正の負荷を取ることから、そのまま「社会科学」の成分としましょう。ここで「寄与率」と「累積寄与率」の欄を見てみましょう。寄与率とは各主成分がデータをどれだけの割合で説明できているかを示す指標で、それらを大きい順に足し合わせたも

のが累積寄与率です。主成分2まで解釈した時点で累積寄与率がおよそ73.8％になりました。累積寄与率をどこまで大きくとるか、すなわちデータをどれだけ説明するかは研究者次第です。筆者は74％弱で満足したのでここで打ち切り、主成分3以降の解釈を行いません。

　因子分析では、「オノマトペ.csv」を用います。このデータは、「オノマトペを用いて感性調査を行うことが可能であるかについて評価する（出水厚輝君の期末レポートより引用）」ために収集されたものです。18歳から24歳の男女30人に、2種類の擬音それぞれが持つ印象を質問し、5段階で答えてもらっています。

　例えば「ぺとぺと（きれいな－きたない）」の列は、「ぺとぺと」という擬音に対して、1に近い方が「きれいな」印象を強く、5に近い方が「きたない」印象を強く持ったことを意味しています。

　彼が課題のために行った分析とは大きく異なりますが、「ぺとぺと」への印象に答えた15変数を因子分析にかけてみましょう。図8のウィンドウのタイトルに「主成分分析」とあるのは、このソフトウェアではいったん主成分分析の操作を経由しないと因子分析を行えないからです。

　こちらでは「回転後の因子負荷量」を見て、解釈を行います。因子1

オノマトペ.csv（一部）

サンプルNo.	性別	年齢	出身地	ぺとぺと（きれいな－きたない）	ぺとぺと（滑らかな－ざらざらした）	ぺとぺと（明るい－暗い）	ぺとぺと（きめの細かい－粗い）	ぺとぺと（澄んだ－濁った）
1	女性	18	沖縄	3	1	4	3	4
2	女性	19	東京	3	3	2	1	4
3	男性	19	長野	4	4	4	4	4
4	男性	19	神戸	2	3	2	3	3
5	男性	18	神奈川	4	2	1	4	2
6	男性	19	大阪	4	1	2	2	3
7	男性	18	福岡	4	2	1	3	2
8	男性	19	茨城	4	4	4	4	4
9	男性	19	神奈川	2	2	2	4	4
10	男性	18	鳥取	5	2	4	2	4
11	女性	20	中国	4	3	4	5	4
12	女性	18	大阪	3	1	1	3	4

第4章　研究例（定量編）

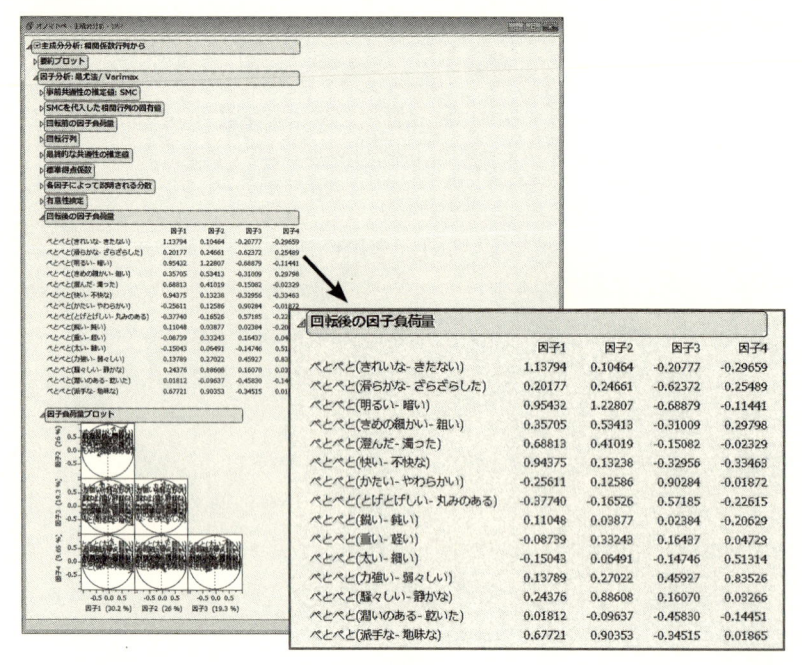

図8

では「きれいな－きたない」、「明るい－暗い」、「快い－不快な」が強い正の負荷を、因子2では「明るい－暗い」、「騒々しい－静かな」、「派手な－地味な」が強い正の負荷を取っています。

　言われてみれば「きれいな」、「明るい」、「快い」にはそれぞれからそれぞれを連想しうる、どちらかといえば積極的な心象をあらわすような意味的つながりが感じられますね。そして一方、「暗い」、「静かな」、「地味な」は積極的というよりは消極的なイメージをあらわす意味的つながりが感じられます。

コラム：中心極限定理

「中心極限定理」は正規分布に特別な意味を持たせるものです。かいつまんで説明すると、「母集団の分布がどのようなものであっても、標本が十分大きければ、標本平均の分布を正規分布で近似できる」というもので、調査対象の母集団がよく分からないとき、正規分布を当てはめる理由にしばしば使われます。

この章で紹介したデータ分析例についても、処理の際にとりあえず正規分布を当てはめたものが見られますが、本当はどんな分布なのだろうと想像しながら、是非サンプルデータを観察してみてください。

さて勉強はここで一休みして、中心極限定理の簡単な例を見るため表計算ソフトのひとつ、Excelで少し遊んでみましょう。主役はRAND関数です。この関数をセルに入力すると、0以上1以下の乱数を返します。A1セルからJ1セルにRAND関数を入力し、右隣のK1セルにA1セルからJ1セルの平均を出してください。そして、この行を下に10万行ほどコピーしてください。関数のままコピーすれば、各行各列に違う値が出るようになっています。まずは比較のため、A列の値のヒストグラムを出力しましょう。

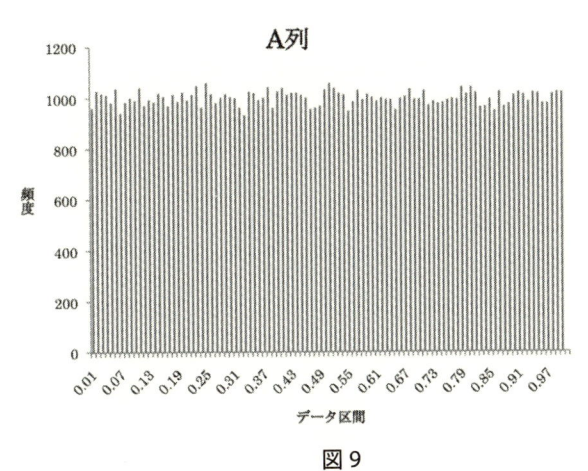

図9

図 10

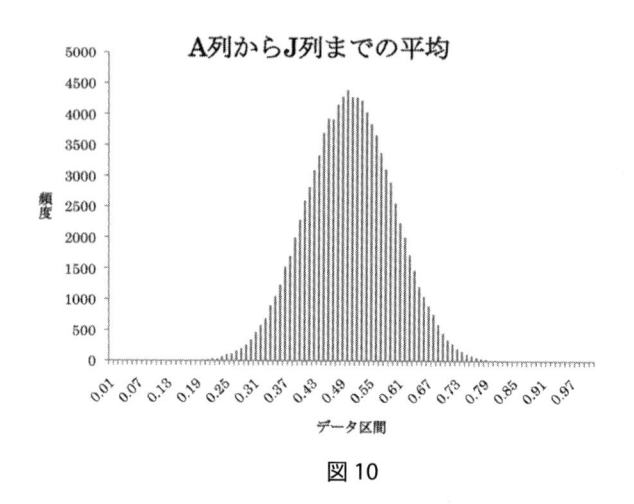

　これを見る限りは、一様分布に従っているようです。すなわち、特定の値が出やすい関数ではないようですね。そして、10個の乱数を平均したK列の値のヒストグラムを出力しましょう。するとびっくり、難しい関数を使った覚えなどないのに、正規分布のようなものが見えますね。これが「母集団の分布にかかわらず、標本平均の分布が正規分布で近似できる」の意味なのです。

　最後に、この遊びにおける注意ですが、10万行かける10列でのべ100万回RAND関数を処理しているので、PCに負荷がかかります。10万件のヒストグラムだって、すぐには出力してくれません。特にメモリ容量には注意して、実行するPCを選びましょう。具体的には300MB程度の空きメモリがあれば、安定して実行できるようです。環境によっては、CPUのフルロードが分単位で続くので、慌てないようにしてください。

第5章

研究例（定性編）

ここでは、研究者が実施した定性調査の事例をご紹介致します。

1. 調査の実例：世界初の電動大型フルフラットバスを運転したドライバーへの個別インタビュー

　本書の筆者の一人である西山は、公共交通、特にバス事業を専門とする研究者で、2011年4月にお披露目した「電動大型フルフラットバス」の試作開発に携わってきました。本研究は、環境省の委託研究として、慶應義塾大学が実施したものです。特に、普段から通常の路線バスを運転するプロの路線バスのドライバーへ、個別に電動大型フルフラットバスを1日－2日程度運転してもらい、その印象や問題点、試作から量産へ移行する際の改善事項等をインタビュー調査で把握して、成果をまとめる調査を実施しました。以下では、その際の調査計画から調査実施までのプロセスについて実施例に即して説明します。

①調査の計画
　調査の計画は、まずは協力依頼状の作成から始まります。バス運転手は、それぞれバス事業者（会社）に雇用されています。そのため、まずはバス運転手を雇用するバス会社本社の担当部署（例えば、バスや鉄道の運転手の場合は運行管理部門）に依頼状を出しました。その際にとても重要なことは、依頼状に「行いたいインタビュー調査の5W1H」を書き出してわかりやすくまとめることです。例えば例に挙げる調査の場合は次のような構成になります。

タイトル「世界初の電動大型フルフラットバスの試運転依頼と担当運転者への個別インタビュー調査への依頼」

● What/Which（何をしてもらうか）
（主な内容）電動大型フルフラットバスの試運転と運転後に感じた印象・問題・量産に向けた改善事項等を把握するための個別インタビューへの回答。

● Who（誰が、誰にしてもらうか）
（主な内容）慶應義塾大学で、電動大型フルフラットバスの開発に携わって研究を行う者が、電動大型フルフラットバスの試運転を担当してもらった方に、個別インタビューにも協力して貰う。運転者合計11人の確保をお願いする。

● Where（どこで）
（主な内容）慶應義塾大学と最寄り駅を結ぶ路線バスと同じく区間で電動フルフラットバスを試運転してもらい、お昼に車庫へ戻った際に個別インタビューを行う。

● When（いつ／どのくらい）
（主な内容）2011年12月12日午前の試運転を担当された後、お昼休みの12時－12時20分の20分間を予定する旨。ただし、<u>道路事情により変更になる場合は、個別に別途、柔軟な調整をさせて頂く旨を記載</u>。

● How（どのような方法か）
（主な内容）電動大型フルフラットバスを試運転して頂いた後に、感じた印象・問題・量産に向けた改善事項等を個別に聞き取る形

> と記載。併せて、研究に用いる目的で録音をさせて頂くことに了解を頂けるよう依頼。
>
> ●その他注意事項
> （主な内容）あくまでも上記の5W1Hが希望であり、対応が難しい場合には個別に調整して被調査者が対応しやすい方法に改めていくことを記載。

　このように、5W1Hでまとめると、依頼された方もその内容を整理しやすく、対応しやすくなります。普段、大学院生や学部生の書面を見ると、5W1Hでまとめられていないために、相当判りにくい依頼状になっている場合が多々ありますので5W1Hを意識しましょう。

　併せて、バス運転手の事例で判りやすいと思いますが、インタビューを受ける調査者は時間に拘束される方が相当数おり、調査を受ける方の時間的拘束にも十分配慮しましょう。例えば、上記で下線を引いたように、バス運転手は道路事情で調査の時間がとれなくなることもしばしばあります。ゆえに、調査に協力できない場合も容易に想像されます。調査がうまくいくようにするためには、相手のことを十二分に考え、協力しやすいようにするにはどうすればよいのか、常に考えるとよいです。「その他注意事項」のように、柔軟に対応を頂けるように努力する姿勢を示しておくことも、協力を依頼された方の印象を良くします。

②調査の実際
【インタビュー調査の記録方法や倫理的配慮の伝達と合意の取得】
　協力依頼状を出して、許可が出ていよいよ個別インタビューです。個別インタビューの際には、できるだけ録音や、可能ならばビデオ撮影の許可を事前に貰い、議事録に起こす下準備を整えておきました。また、調査はこれまで書いてきたように決して無理強いされるべきものではあ

りません。人間相手ですから、倫理面に十分注意すべきで、インタビューを始める前に「答えたくない質問の際には無理に答えなくても良い」、「途中で気分が悪くなったり、調査協力をやめたくなった時は、無理に続けなくて良い」ことが許されていることを運転者に説明しました。そして調査を始めました。

【客観的かつ中立的に聞く姿勢を養っておく】

あとは、ひたすら聞くべきことを聞くだけですが、聞く際にはあくまで公平で客観的に聞く姿勢を保ちましょう。例えば、これは技術系の研究者にありがちなことですが、自分が作った技術を世の中に早く普及させたいがために、自分の技術を伴った試作品を使った後の評価インタビューに、誘導的な質問内容や質問構成が見られるという傾向があります。

要は問題や改善事項を十分聞かずに、良かった点を中心に聞き、学会での成果発表等でその点を指摘されている場面をよく見かけます。これでは、真実を探究する、という社会調査の原則に反しますから、調査対象の良い面と悪い面を公平中立的、かつ客観的に見ていく姿勢を養いましょう。

その意味で西山は、バス運転手・バス事業者・バスメーカー・バスに関する行政の実態を調査事前に徹底的に調べ、あらゆる利害関係者の大型電動フルフラットバスへの見解や実現に向けた制約等を勉強し、それからバスを日々運転される方々にインタビューを行いました。そうすることで、どの利害関係者の視点にも寄らずに、公平中立的にバス運転手の意見を捉えることが出来、調査の質をあげることが出来ました。こうしてテーマに関係する利害関係者の見解や実情等を加味して、インタビュー調査に臨むことは大変重要です。

【インタビューシートを用意しておく】

これはインタビュー調査をする人およびされる人、両方が持っておくとよいと思います。事前に作っておき、当日配布することをおすすめし

ます。特に、話し言葉でいきなり聞くだけだと、調査者の聞きたいことと受けての間にミスコミュニケーションがおき易いと言われます。ゆえに、聞いておきたいことに誤解がおきないよう、インタビューシートを作っておくことは大事です。ただし、これを事前にインタビューを受ける人に配布してしまうことは、状況に応じ不適当な場合がありますので注意が必要です。特に、事前に配布されると他のデータ等も調べたり、他の人にも意見を聞いてしまう人がいて、直感で答えて欲しい事柄なのに、直感が薄められることもありえます。こういうこともありうるので、インタビューの質問項目を記したシートの事前配布は、注意が必要です。例に挙げた調査のインタビューシートは、次のようになります。

＊＊＊

「世界初の電動大型フルフラットバスを運転したドライバーへの個別インタビュー」

　本日は、お忙しい中、主題のインタビュー調査にご協力くださいまして、誠に有り難う御座います。本日は、20分程度いただき、次の項目についてご意見を伺う予定です。時間通りに終了できるように進行致しますので、ご意見を率直かつ簡潔に頂ければ幸いです。
　宜しくお願い致します。

1．電動大型フルフラットバスを運転しての総合的な印象（従来の路線バスと比較した場合の印象）

2．電動大型フルフラットバスを運転しての評価（従来の路線バスと比較した場合の評価）
　①走行性について
　②操作性について（運転のしやすさ等）
　③安全確認のしやすさについて

④振動・静粛性、快適性等について
　　⑤運転席の快適性について
　　⑥車両のデザイン・レイアウトについて
　　⑦充電する場合の作業についての意見
　（従来の軽油充填作業との比較等）
　　⑧電動大型フルフラットバスにあるとよい機能について

3．その他、試運転をして気づいた点等
　（実際はメモをとる欄を大きく確保しました）

以　上

＊＊＊

③調査の結果のまとめ

　あとは、調査の結果のまとめです。おおむねインタビュー調査のときは、まずは相手の発言を文字起こしして、会議録を作ります。そして、インタビューをした人の発言の共通点や特筆すべき発言を抽出して、インタビューのまとめを作りましょう。会議録は、誰がどういう発言をしたか録音や録画のテープから詳しくWord等のファイルに打ち込みます。それを読み返して、キーワードも抜き出しながら発言の共通点や特筆すべき発言を抽出しとりまとめを行います。以下は、主題の研究のインタビュー調査のまとめのシートの事例ですが、次のように実施日・実施対象者・実施方法・有効回答者・発言の共通点や要点等で構成されるようにまとめを作るのが、効果的な方法になりますので試してみてください。

＊＊＊

電動低床フルフラットバスに試乗した運転者へのインタビュー調査のまとめ

電動低床フルフラットバスに試乗した運転者に対して、運転性能や充電機能等の観点から情報を収集して、課題等の整理を行った。

1. 実施概要

営業運転模擬走行に協力して頂いたバス事業者の運転者(電動低床フルフラットバスを実際に運転した運転者 11 名)に対し、ヒアリング調査を実施した。

実施日	湘南台ルート：2011 年 12 月 18 日、20 日、22 日、26 日、2012 年 1 月 24 日、26 日、28 日、 蒲田ルート　：2012 年 1 月 10 日、12 日、14 日、16 日、18 日、20 日、22 日、 合計　　　　：14 日間（営業模擬走行実施日と同一）
対象者	電動低床フルフラットバスを実際に運転した運転者 ・湘南台ルート：4 件 ・蒲田ルート　：7 件 ・合計　　　　：11 件
実施方法	電動低床フルフラットバスを実際に運転した運転者に対して、ヒアリング票を示し、インタビュー形式により回答を得た。

2. ヒアリング調査結果

回答していただいた運転者の属性については、次のとおり
○ご回答者の年代、性別、運転歴
- 性別：男性 10 名、女性 1 名
- 年代：30 歳代 = 1 名、40 歳代 = 4 名、50 歳代 = 4 名、(不明 = 2 名)
- バス運転歴：5 〜 10 年未満 = 3 名、10 〜 20 年未満 = 4 名、20 年以上 = 4 名

○電気自動車の運転経験の有無
- 有り = 4 名、無し = 7 名

●電動低床フルフラットバスを運転しての総合的な印象（従来の路線バスと比較した場合の印象）

　従来の路線バスと比較した場合の、電動低床フルフラットバスを運転しての総合的な印象については、11名の運転者のうち3名が「とてもよい」、6名が「よい」、1名が「同程度」と、概ねよかった。また、「よい」と回答した運転者が特にそう感じた点は、走行性、振動・静粛性等についてであった。

		件数	比率
1）総合的な印象（○は一つ）	とても良い	4	36.4%
	良い	6	54.5%
	従来バスと同程度	1	9.1%
	悪い	0	0.0%
	とても悪い	0	0.0%
	合計	11	100.0%
2）特にそう感じた点（複数回答）（上記1）で「とてもよい」「よい」と回答した人が回答）	走行性	6	33.3%
	操作性	2	11.1%
	安全確認	2	11.1%
	振動・静粛性	6	33.3%
	運転時の快適性	2	11.1%
	車両のデザイン・レイアウト	0	0.0%
	その他	0	0.0%
	合計	18	100.0%

次のような意見等があった。
・発進、停止のしやすさや、エンジンブレーキの具合がよい。
・アクセルの加減が分かりにくかったが、慣れれば問題はない（ディーゼルバスと違って静か過ぎるので、踏んだ時の反応が分かりにくかった）。
・発進時の時速5km/hくらいのときにブルブルとふるえるのが気になる。
・ハンドルを大きく回すとゴトゴトと音がする
・ハンドルの重さがパワステになればよい。
・パワーは相当あると感じる。
・バス内の段差がないため、危険が少ない。
・従来バスもよいし、この電動低床フルフラットバスもよい。

（注）バス事業者（B社）へのヒアリングの中で、「当社では段差が原因の事故はゼロ」という発言があった。ただし運転者としては、日常の営業運転の中で、事故には至らないとしても、お客様が従来バスの段差につまずく危ない場面を見ているため、「バス内の段差がないため、危険が少ない」のような回答

があったと考えられる。

●電動低床フルフラットバスを運転しての評価（従来の路線バスと比較した場合の評価）

①走行性について

　下表に示すように、走行性についての評価は概ね高く、特に加速性（アクセルの感度等）について顕著であった。登坂性能と走行安定性（カーブを曲がる時の安定性等）の評価も高かった。

		件数	比率
①加速性（アクセルの感度等）	とてもよい	6	54.5%
	よい	5	45.5%
	従来バスと同程度	0	0.0%
	悪い	0	0.0%
	とても悪い	0	0.0%
	合計	11	100.0%
②減速性（ブレーキの効き具合等）	とてもよい	3	27.3%
	よい	5	45.5%
	従来バスと同程度	3	27.3%
	悪い	0	0.0%
	とても悪い	0	0.0%
	合計	11	100.0%
③走行安定性（カーブを曲がるときの安定性等）	とてもよい	4	36.4%
	よい	5	45.5%
	従来バスと同程度	1	9.1%
	悪い	1	9.1%
	とても悪い	0	0.0%
	合計	11	100.0%
④登坂性能	とてもよい	1	11.1%
	よい	7	77.8%
	従来バスと同程度	1	11.1%
	悪い	0	0.0%
	とても悪い	0	0.0%
	合計	9	100.0%

次のような意見があった。

・加減速がすばらしかった。

・加速性がよかった。パワーがある。減速性もよい。

・加速性については、出足は良いがもう少し踏み込めると良い。中間からの加速も良い。タイムラグがない。

・減速性については、最新型のディーゼルバスと同程度と感じる。

- 走行安定性についてはロールが少なく傾かないので、安心感がある。

②操作性について（運転のしやすさ等）

　ステアリングの操作性については、8名が「悪い」、2名が「とても悪い」という評価であった。

　シフトスイッチの操作性についての評価は概ねよかった。

　一方、扉の開閉スイッチの操作性については、2名が「悪い」と評価した。これは、「関係のない時に押してしまいそう」「ボタンが出っ張っているので、ぶつかる可能性がある」ためであった。

		件数	比率
①ステアリングの操作性	とてもよい	0	0.0%
	よい	1	9.1%
	従来バスと同程度	0	0.0%
	悪い	8	72.7%
	とても悪い	2	18.2%
	合計	11	100.0%
②シフトスイッチの操作性	とてもよい	2	18.2%
	よい	5	45.5%
	従来バスと同程度	3	27.3%
	悪い	1	9.1%
	とても悪い	0	0.0%
	合計	11	100.0%
③扉の開閉スイッチの操作性	とてもよい	2	18.2%
	よい	4	36.4%
	従来バスと同程度	3	27.3%
	悪い	2	18.2%
	とても悪い	0	0.0%
	合計	11	100.0%

　次のような意見があった。
　〇ステアリングについて
- ちょっと重い。キレが少ない。
- 重い。切れ角が従来のバスと比べると劣り、戻りも悪い。
- 改善の必要がある。
- 重いし、まわしてあげないと戻らない。
- とても重い。カーブで意図したよりも外側へ出てしまう。

○シフトスイッチについて
- シフトスイッチが出っ張っているので、ぶつかったときなどに不安がある。

○扉の開閉スイッチ等について
- ボタンの方が確実である。袖にひっかかるおそれもない。
- 扉の押しボタンは押し間違いしやすい。
- 扉の開くスピードは遅いが、安全性はあると思う。ただし外に開く際に狭い道路でも大丈夫か。
- 中扉を閉める時、最後に内側に入るのが気になる（乗客数が多い時は怖い）

③安全確認について

車外の安全確認のしやすさについては、「とてもよい」が4名、「よい」が3名、「悪い」が4名というように、評価が分かれた。「とてもよい」という評価は、右サイドがあいているので見やすいということである。「悪い」という評価は、左右（特に右）のピラー（柱）の幅が太くてその前の窓が小さいために車外が確認しづらいということであった。

また、車内の安全確認のしやすさについては、「よい」が4名、「従来バスと同程度」が6名であった。

非常扉の位置についての評価は、「とてもよい」が3名、「悪い」が4名と意見が分かれた。「とてもよい」という評価は、後ろに真直ぐでわかりやすいということであったが、一方、「悪い」という評価は、後ろから追突された場合に非常扉が開かなくなるのが不安等の意見であった。

		件数	比率
①車外の安全確認(路上通行者・対向車等の視認)	とてもよい	4	36.4%
	よい	3	27.3%
	従来バスと同程度	0	0.0%
	悪い	4	36.4%
	とても悪い	0	0.0%
	合計	11	100.0%
②車内の安全確認(車内状況の視認)	とてもよい	0	0.0%
	よい	4	36.4%
	従来バスと同程度	6	54.5%
	悪い	1	9.1%
	とても悪い	0	0.0%
	合計	11	100.0%
③非常扉の位置(後部にあることについて)	とてもよい	3	27.3%
	よい	1	9.1%
	従来バスと同程度	2	18.2%
	悪い	5	45.5%
	とても悪い	0	0.0%
	合計	11	100.0%

次のような意見があった。

〇車内外の安全確認について
- 右後ろ(サイド)がよくみえてよかった。
- 視界が広くてよい。右折・左折の場合、全部ガラスで見やすい。
- 左右のピラーが死角になる。
- 右側前方が少し見にくい。
- フロントガラスのピラー幅が広くて、歩行者がかくれてしまう懸念がある。
- 右前のピラーが大きくて、その前の窓が小さい。安全確認に重要な部分である。
- 車内については、ちゃんと見えるので問題ない。

〇非常扉の位置について
- 今まで使ったことは無いが、いざという時にすぐ退避できてよいのではないかと思う。
- わかりやすいという点ではよいが、追突事故時は、後ろは開かないと思う。
- リヤに有るのは不安である。
- もしも後ろから追突された場合、どうなるのか。

- 追突されたときは不便である。右側面、後方の方が良いのでは。
- 真後ろの非常扉は、何らかの理由でドアが開いた場合、落ちる心配がある。
- ライトが全面の角にあるが、ぶつかった場合に破損すると思う。へこむだけならよいがライトだと安全面で不安である。

④振動・静粛性、快適性等について

　走行時の振動・車両の揺れ、走行時のバスの静かさ、信号や停留所での停車時のバスの静かさについての評価は概ねよかったが、走り出し時に少し振動があるという意見が多かった。

		件数	比率
①走行時の振動・車両の揺れ	とても小さい	4	36.4%
	小さい	4	36.4%
	従来バスと同程度	2	18.2%
	大きい	0	0.0%
	とても大きい	1	9.1%
	合計	11	100.0%
②走行時のバスの静かさ	とてもよい	5	45.5%
	よい	3	27.3%
	従来バスと同程度	3	27.3%
	悪い	0	0.0%
	とても悪い	0	0.0%
	合計	11	100.0%
③信号や停留所での停車時のバスの静かさ	とてもよい	8	72.7%
	よい	2	18.2%
	従来バスと同程度	1	9.1%
	悪い	0	0.0%
	とても悪い	0	0.0%
	合計	11	100.0%

次のような意見があった。
- 発進時にガサガサの音が気になる
- 発進時のガタガタは違和感があった。（普通のディーゼルエンジンでのバスではない）
- 走り出しの振動が気になる。
- 発進時に少し振動がある。
- 発進から時速5〜10kmまでの振動が気になる。

- パワステの音がするが、普通のバスに比べて気にならない。
- タイヤが小さいため路面振動を心配していたが、吸収していて予想よりよかった。

⑤運転席の快適性について

　運転席の広さ、明るさ、運転席の座り心地についての評価は概ねよかったが、体格によってはシートをもう少し大きくして欲しいという要望があった。またシートベルトのひっぱりが強いという意見もあった。

		件数	比率
①運転席の広さ	とてもよい	6	54.5%
	よい	4	36.4%
	従来バスと同程度	1	9.1%
	悪い	0	0.0%
	とても悪い	0	0.0%
	合計	11	100.0%
②運転席の明るさ	とてもよい	4	36.4%
	よい	4	36.4%
	従来バスと同程度	3	27.3%
	悪い	0	0.0%
	とても悪い	0	0.0%
	合計	11	100.0%
③運転席の座り心地	とてもよい	3	27.3%
	よい	6	54.5%
	従来バスと同程度	2	18.2%
	悪い	0	0.0%
	とても悪い	0	0.0%
	合計	11	100.0%

次のような意見があった。
- 運転席が通常のバスよりも広くてゆったりしていてよい。
- シートをもう少し大きくしてほしい。
- シートベルトのひっぱりが強い。運転席については、自分は体格が小さい方なので問題ないが、大きい人には横幅が足りないかもしれない。

⑥車両のデザイン・レイアウトについて

外観デザイン、インテリアデザインともに、評価はよかった。

		件数	比率
①外観デザイン	とてもよい	4	36.4%
	よい	5	45.5%
	従来バスと同程度	2	18.2%
	悪い	0	0.0%
	とても悪い	0	0.0%
	合計	11	100.0%
②インテリアデザイン	とてもよい	6	54.5%
	よい	5	45.5%
	従来バスと同程度	0	0.0%
	悪い	0	0.0%
	とても悪い	0	0.0%
	合計	11	100.0%

⑦充電する場合の作業についての意見（従来の軽油充填作業との比較等）

今回の実証走行試験では運転者による充電作業はなかったが、意見を聞いたところ、従来の給油作業と変わらない作業内容であれば特に問題ないということであった。従来の給油作業については、次のとおりである。

- 給油時間は1～2分程度で、1回/日である。
- 車庫に帰ってから自分で給油している
- その日によって車庫に帰る時間は違うが、一番最後に給油する。
- 従来（給油）は3分ほど
- 休憩時間に給油を行っている。
- 普段は自分で給油している。1～2回／日程度。
- 5～10分／回程度である。
- 1日に2回給油する場合は、だいたい昼から14時頃の間に1回（60～70ℓで5分くらい）と、19～20時頃に1回（60～70ℓで5分くらい）である。
- 1日に1回の場合は100ℓで10分間くらいである。

⑧電動低床フルフラットバスにあるとよい機能について
- 坂道での加減速（走行速度）の自動制御機能があるとよい
- 坂道発進の時、後ろに下がらないでスムーズに発進できると良い。（今回坂道で少し後ろに下がった）
- 乗車人数の重さは、自分で感じたい。（乗車人数が増えても、制動距離を一定に保つ機能について質問した際の回答）
- 運転席の足元が寒いので、運転席用ヒーターがあるとよい。

● その他、気づいた点等
- 一充電走行距離は150〜160km程度あればよい。夜充電して朝から1日使えるのが理想。また、本格的な冷暖房があればよい。
- 今は電池関係がパネル上にあるが、運転関係をパネル上部にしてほしい（今は見えにくい）。ウィンカー等は運転席パネルの上部にある方がよい。
- 速度表示をもっと見やすくしてほしい。
- 車両の外側全体を上部から見るカメラ（アラウンドカメラ）については、よいと思うが、今のままでは細かい部分が見えないので、もう少しズームアップして見られるとよい。
- 小回りについては、本日の走行ルートだと感じないが、もう少し小回りがきかないと場所によっては問題がある。
- みんなの注目が気持ちよかった。

＊＊＊

概ね、個別インタビュー調査の実例解説は以上ですが、計画から成果の取りまとめまでの一連の流れをつかんでいただけたかと思います。こうした一連の流れの体験を積み重ねることで、一段と勘も、調査能力も高まります。まずは是非体験して欲しいと思います。

参考：慶應義塾大学が世界ではじめて試作開発した電動の大型フルフラットバスの外観（上）と車内（下）

2. 具体的な研究活動例：
日本語の日常会話のコーパス作成

①はじめに

　ここでは言語学という分野で、定性データをどのように収集し研究に使うのか、という点について、著者の１人である鈴木の研究を例に紹介します。

　私は、人々が毎日当たり前のように行っている「会話」を研究対象にして言語学の立場から分析しています。どの学問領域にも言えることですが、言語学も大変裾野が広く、人間の言語に使われる音の研究（音声学や音韻論）、単語や文の組成（形態論と統語論）、社会と言語の関係（社会言語学）、言語の意味と言語使用の実際（意味論と語用論）、子供が言語をどう身につけてゆくのか（言語習得）、ジェスチャーや動物の言語の研究等々、多岐にわたる下位分野があり、アプローチによって分析に用いるデータや方法もまちまちです。

　私の場合は、主に人々が言葉をどう用いてコミュニケーションを行っているのか（語用論）に興味があるので、人々の協力を得て日常交わされる何気ない会話を録音・録画して収集し、その中でのことばのやり取りや関連する情報を書き起こして研究に利用しています。音声、録画、そして文字情報から、興味深い言語現象・非言語現象を見つけて分析しています。

　そして例えばある構文やイントネーションや語彙が、いろいろな会話で繰り返し見られる場合に、どのような生起パターン（文法ともいえる）があるのか、そのパターンはどこから来たのか、将来どのような変化が予測されるか、などについて考察を加えます。そして、コミュニティーの成員同士で共有されている「会話の文法」は果たして存在するのか、

あるとすればどのような特徴づけができるのかという、より大きな問いを想定して研究しています。

　すでに提唱されている理論を自分の研究対象とする言語で当てはまるかどうか検証するタイプの研究をトップダウンと呼ぶならば、一般市民の日常生活における言語の現象に着目して、一般化を目指す私の行ってきたような研究は、ボトムアップのアプローチといえます。先に「興味を引く言語現象」に触れた際に「パターン」「繰り返し」という言葉を用いましたが、内容も参加者もバラバラな日常会話の中で、たびたび色々な人が口にする言葉、構文などがあると、「なぜそういうことが起こるのか？」という疑問がわき、着目度が高くなります。つまり私の携わる分野では、研究対象を設定する際に、「頻度」は大切な要因と考えられています。

　以下では、私が自分研究の際に用いるデータの収集方法を中心に、注意点・反省点を述べます。

②日本語の日常会話のコーパス作成

　私は日本語の会話のコーパスを用いて研究を行っています。コーパスとは言語を分析する際に用いる言語資料のことです。自然に生起する言語使用の実例を集めたもので、文字で記された資料や録音・録画された資料の集合体を指します。例えば明治から昭和までの〇〇新聞の社説の電子化された文字資料など、大規模なまたは網羅的なコーパスもあれば、文字を持たず絶滅の危機にある言語のネイティブスピーカーが語った5分ぐらいの物語を、現地で言語学者が録音しアルファベットを用いて文字化した資料も、小規模ながら立派なコーパスです。書き言葉を集めたコーパスもあれば、話し言葉のコーパスもあります。また歴史的変遷を追うことができるコーパスもあれば特定の時代の言語に特化したコーパスもあります。

　私は、近年アメリカ・カナダの日本語研究者らと共同で、日本語の会話コーパスの作成・蓄積を少しずつ進めてきました。日本語の中でもいわゆる東京方言は、多くの人が理解し使いこなし、メディア・教育・政治・経済活動の現場でも中心的な役割を担っているので、到底存続を危

ぶまれる危機言語の部類には入りそうにありません。しかし、人々の日々の生活の記録の中で会話そのものに焦点を当てた録画・録音・書き起こし資料は、方言・共通語を問わず日本語ではまだ大変少ないのが現状です。すでにアメリカ英語やイギリス英語などでは、書き言葉・話し言葉に関して大量のコーパスを入手し研究に利用できる環境が整っています。そして日本語においても、自然な会話の資料として画期的な質量を誇る日本語日常会話コーパス Corpus of Everyday Japanese Conversation（CEJC）が国立国語研究所によって公開されるなど環境整備が進んでいます。

さて、人々が日常的に交わす会話を、収集し文字化し、ひいてはコーパスとして研究利用できるように整備するという過程も、言語研究における「現地調査」の一例といえます。次節では私の経験に触れつつ、内容、手順、失敗点、注意点などを記したいと思います。皆さんの研究にとって役に立つ情報があれば幸いです。

（1）会話データの収集

私の場合、コーパス作成において重要視している点の1つは、現代日本語の中の東京方言による日常会話のありようをできるだけ忠実に伝えるもの、かつ研究者にとって利用しやすいものを作成するということです。そのため、以下のような長期的目標・注意点を設定して、収集を続けています。

- 異なる話し手による会話を最低100会話
- 性別や世代の極端な偏りを避ける
- 対面会話、電話会話の両方を収集する
- 会話1つにつき参加者は2～3人
- 話す内容（トピック）は参加者の自由に任せる
- 可能な限り背景の雑音が少ない環境で収集する
- 対面会話は可能な限り録画・録音を両方行う
- 日常生活でおこる複数の場面が含まれるとよい（例：食事の支度、食事、食後の団欒、相談、宿題の丸付け、頼みごと、報告、玄関

の配達物受け取り、テレビの番組への反応、ちょっとした言い争いなど）
・データ収集の際に参加者から書面による同意をもらう
・収集後フィールドノートをできるだけ早く記入する（会話参加者シート、会話情報シート）

上記の項目に関連していくつか整理してみます。

【誰に頼むか】
　同意書が必要ということもあり、今のところ知り合いを通して協力者を募っています。そのため、会話参加者の属性に、大学生ばかりとか女性ばかりというような極端な偏りが生じないよう、配慮する必要があります。

【録音・録画機材のセットの仕方】
　録音・録画機材をしてから会話の場を離れたり、または機材を丸ごと知り合いに預けて操作してもらい、会話終了後に回収します。撮影者が張り付いていると日常の自然さが損なわれる懸念があるからです。また家の中の撮影であれば、参加者が動いてカメラのフレームから外れることがあってもそのまま収録を続け、参加者を追って機材を動かすことはあまりありません。
　注意点は、せっかくの収録のチャンスが無駄にならないように、機材の操作方法やバッテリー残量・メモリ残量などを事前に点検してから臨むということです。以前録画しようとして機材のバッテリーが切れてしまったという苦い経験があります。
　録音・録画機材の前で会話すること自体が不自然な状況ではありますが、少なくとも人々がある程度ビデオカメラに馴染んでいるコミュニティーにおいては、収録開始5分ぐらいたつと参加者はカメラの存在があまり気にならなくなるといわれています。視線や表情をより明瞭に捉えるために、状況が許せばカメラを部屋の複数の隅に設置する場合もあ

ります。

　ビデオカメラ内蔵のマイクは、会話の音声を拾うには限界があるため、音声データに関しては外付けマイクをテーブルに置いたり、ステレオピンマイクを装着してもらい、ＩＣレコーダーを別途用意します。録音のみ収録の許可を得られた場合にも備えて、ＩＣレコーダーは必需品と考えています。

　収録の前に説明を行い、参加者の同意を得てコンセントフォームに署名を貰ってから収録します。学会発表や論文出版の際に会話データを利用するにあたり、参加者のプライバシー保護に最大限の注意を払うことが必須です。

【フィールドノートの作成】

　収録後、できるだけ早く、フィールドノートを作成します。私は2種類の情報シート（会話情報シート、会話参加者シート）を用意しています（P.140-143参照）。会話の行われた状況についての情報、そして会話参加者についての情報を差支えない範囲で記入してもらうか収録者が記入します。会話を収録する度にシートに記入する方式だと、データが複数あるときに見やすく、項目の漏れを防ぐことができます。

(2) 会話データを書き起こす

　次に、収録したデータを、あとで分析しやすいように、音声の書き起こし（文字化）をします。そうすることで、より素早く会話の内容や流れを把握できます。ここでは「プライバシーの保護」と「どのような情報を、どこまで詳しく書き起こすか」ということについてコメントします。

【プライバシーについて】

　私たちは会話参加者のコンセントフォームにおける希望に従い、会話参加者のプライバシーを守るため最大限の注意を払う必要があります。昨今では学会発表や論文出版においても様々な配慮が要求されています。たとえば書き起こす際には必ず仮名を使い、学会発表の際には、論文の

テーマに応じて、映像の代わりに絵に置き換えて見せることで個人を特定できないようにする工夫をします。

【何をどこまで詳しく書き起こすか】

まず、漢字仮名併用やカタカナ表記など、研究者が使う文字化のシステムは様々あります。私はジョン・デュボア（John W. Du Bois）という研究者が中心になって開発した書き起こしのシステムを使っています。[1] これはパソコンのキーボードの基本的なものを使い、多言語に対応できる仕様を意識してデザインされており、日本語のデータの文字化もローマ字で行います。日本語の分析を英語論文にして発表する日本人・外国人研究者や海外で日本語を教える教育関係者にも使われています。しかし書き起こしはあくまで「何が、だれによって話されているか」がわかるように文字化したもので、たとえば身体的な動きの情報や声のかすれ具合などの細かい情報までは範囲に含めず、その意味で文字化資料は「粗い補助資料」でしかありません。[2] 言語学的な研究においては、個々の研究者は、分析の際に文字化資料に頼るのではなく、第一次資料であるところの音声・録画データを何度も視聴する必要があります。会話コーパスの利用者は、この点を徹底的に意識する必要があります。

もちろん、研究目的によってはこの限りではありません。たとえば町興しの提案をするために、町民に対して行ったインタビューを録音させてもらい、後日内容を確認してレポートに役立てるために音声を書き起こす場合などには、「どんな意見が誰によって話されたか」という情報は重要ですが、細かいあいづちの文字化などは不要な情報かもしれません。しかし会話の研究においては、あいづちを文字化してその種類や機能やタイミングを分析することは興味深いテーマになり得るので、あいづちの文字化と録音の丹念な聴き直しが、重要な意味を持ちます。ですから、

---

1) Transcription in action: Resources for the representation of linguistic interaction. Department of Linguistics, University of California, Santa Barbara
http://www.linguistics.ucsb.edu/projects/transcription/representing （Retrieved 10/06/2012）
2) デュボアの前注のウェブサイトでは、書き起こしの詳しさの程度を4レベルのデリカシー（preliminary, basic, boundary, interaction）と呼んで示している。

自分で音声・録画データを集めて書き起こす場合は、その詳しさの程度は、研究目的に合わせて柔軟に判断しましょう。

(3) 会話コーパス作成：現状と展望

　私が研究者仲間とともに進めている会話コーパス作成の現状は、研究者が個々に会話データを収集し、自分の研究のために利用しつつ蓄積を進めているという段階です。

　国立国語研究所[3]の日本語話し言葉コーパス（CSJ）という学会発表の音声を中心とした音声・文字化資料が既に公開されています。また2023年に「日常会話コーパス（CEJC）」が公開されましたが、今後も一定期間をおいて（あるいは継続的に）、日本語のありようを研究するための日常会話のコーパスの整備は続くと考えられます。その際には、参加者へのコンセントフォームや書き起こし方法についても、社会の要請とその時利用できる技術を踏まえた規格のあり方を検討する必要が出てくるでしょう。

　また公開をめざすにあたっては、研究上の倫理規定に抵触していないかという審査を、該当する研究機関で受け承諾される必要があります。

③まとめ

　この章では、現地調査を行う際の方法や注意点などについて、会話を言語学的研究の材料として収集・利用してきた私の経験を軸に、説明しました。

---

[3] 国立国語研究所では現在、日常会話コーパスの他にも時代別、方言、学習者、モード別など様々なコーパスを順次、整備公開している。リストは https://clrd.ninjal.ac.jp/corpus-list.html を参照（国立国語研究所言語資源開発センターサイト）。

会話参加者シート

収録担当者名：
記入日：
会話名：
記入者名：

＊＊＊

　このたび会話データ収録にご協力いただきありがとうございます。会話に参加して下さった方々について、以下の項目に、差支えのない範囲で、お答えくださるようお願いいたします。ここに記入される個人情報は、学会発表や論文執筆以外の目的で利用されることはありません。また実名は一切使用されません。＿＿＿＿＿大学＿＿＿＿キャンパス＿＿＿＿学部にある＿＿＿＿研究室（電話：＿＿＿＿＿＿＿＿＿＿、メール：＿＿＿＿＿＿＿＿＿＿）において厳重に管理いたします。

	お名前	年代	性別	方言	ご職業など
1.					
2.					
3.					
4.					

＊5歳以下の参加者の場合は、○歳○ヶ月と記してください。

＊＊＊

　記入者の方へ：あなた以外の会話参加者や、会話の中で頻繁に言及された人物との関係を教えてください。

例) 川上花子 (「はなちゃん」) は、私の__友人__ (私は「さとちゃん」と呼ばれる)

_____ (「   」) は、私の_____ (私は「_____」と呼ばれる)

_____ (「   」) は、私の_____ (私は「_____」と呼ばれる)

_____ (「   」) は、私の_____ (私は「_____」と呼ばれる)

_____ (「   」) は、私の_____ (私は「_____」と呼ばれる)

_____ (「   」) は、私の_____ (私は「_____」と呼ばれる)

会話録音（録画）情報シート

録音・録画者の名前：＿＿＿＿＿＿＿＿＿＿＿＿＿＿＿＿＿＿
この会話を収録したメディア名　＿＿＿＿＿＿＿＿＿＿＿＿＿
録音・録画した日時：＿＿＿＿＿年＿＿＿＿月＿＿＿＿日
　　　　　　　　　　午前／午後＿＿＿＿時ごろ開始
場所：＿＿＿＿＿＿＿＿＿＿＿＿＿＿＿＿
会話自体の長さ：　＿＿＿＿時間＿＿＿＿分
言語／方言：＿＿＿＿＿＿＿＿＿＿＿＿＿＿

会話参加者とその呼び名：例）高木ゆみ子　──　ゆっこ
_____
_____

会話のジャンル：
（例：会議、日常会話、電話、授業、けんか、など）
_____

会話の状況：
（会話の内容、何をしているところか、集まった目的、などを簡単に）
_____
_____

録音（録画）機材と会話参加者の位置：

録音に使用した機材名　：＿＿＿＿＿＿＿＿＿＿＿＿＿＿＿＿＿＿＿
マイクの機種名（別付の場合）：＿＿＿＿＿＿＿＿＿＿＿＿＿＿＿＿
ステレオ録音？　　：　はい　・　いいえ

附録

社会調査質問票サンプル
『交通環境のバリアフリー化に対する価値観調査』　146
交通バリアフリー施策に対するグループインタビュー　167
社会調査原稿記録用紙　174
社会調査の倫理的配慮項目のリスト　175
参考文献リスト　178

社会調査質問票サンプル『交通環境のバリアフリー化に対する価値観調査』

　これは、バリアフリー化への市民の税金や運賃の支払意思を尋ねるための質問票です。市民にバリアフリー工事の内容や標準的にかかる費用の情報を客観的かつ公平に開示して、真摯に支払意思を判断させる質問票であり、その性質から作成の難易度が極めて高い部類のものです。開示する情報の内容や提示方法、質問の仕方で市民の支払意思の判断が大きく変わるため、そうした観点から「質問票の傑作」と言われます。写真もまじえ、市民があきないようにし、質問票全体に目がいくようにも工夫してあります。本文で述べてきた工夫も含まれておりますので、読み味わって自分の質問票作成の参考にして下さい。

　21世紀に入り、高齢者・障碍者（しょうがいしゃ：障害を害としてとらえずに単なる個性としてとらえるべきとの社会の流れにしたがって我々もこの表記を使用します）の急速な増加が進んでいます。そうした流れから、あらゆる立場の人々が自由に移動を行えて自由に欲求を満たせるような移動環境づくりが強く求められるようになってきました。国や地方自治体もバリアフリー（さまざまな障壁をとりのぞくこと）を推進するための法律や条例をつくり、バリアフリーの推進を積極的に支援するようになってきました。
　しかし、車いす利用者にとって、駅にエレベーターがあっても自宅から駅までの路線バスがノンステップバスで無ければ、結局、遠くへの外出が困難になってしまうように、障壁の無い状況が面的に広がっていなければバリアフリーの意味は薄れてしまいます。実際、現在の日本のバリアフリーは、場所ごとの「点」としての対策に止

まっており、それらをつないでいくための方法を検討する時期にきています。そこで我々は、昨年の夏に全国の多様な障碍者を対象にし、長時間の自由な移動をはばんでいる障壁をあげてもらうための社会調査を行い、改善優先順位が高い課題を整理しました。

　ただし、この結果をうけて「○○のバリアフリー化を進めるべき」という政策提言をすぐにするわけにはまいりません。行政や事業者の内部では、限られたすくない予算により、常に「何にどれくらい投資するのが市民の利益につながるのか？」ということが考えられています。また、その投資額のもとになる税金や運賃を支払っているのは我々市民であり、何にどれくらい投資するべきか、の議論に参加する権利もあります。

　そこでこれから我々は、障碍者のみなさんから改善優先順位が高いと指摘された項目に対し、みなさんがどのような価値観をお持ちになっているかをお聞きします。障碍者のみなさんから改善優先順位が高いと指摘された項目にかんする情報を客観的に把握してもらい、その上でみなさまがどのような価値観を改善の施策にいだくのかをお聞きするものです。問題の数はそれほど多くありません。しかし、一般に見られる社会調査に比べて、やや文量が多くなっております。回答する上では説明文の熟読がとても重要になりますので、その点のご了解をあらかじめお願いいたします。

＜調査実施者＞
〒252-8520 神奈川県藤沢市遠藤5322
慶應義塾大学大学院政策・メディア研究科
有澤研究室内 後期博士課程3年 西山敏樹
慶應義塾大学環境情報学部 教授 有澤 誠
慶應義塾大学総合政策学部 助教授 片岡正昭
TEL 0466 (XX) XXXX
E-mail xxx@xxx.xxx.xx.jp

みなさんは、町内会のボランティア活動でからだになんらかの不自由を持つ方の移動を手伝いながら1泊2日の旅行に出かけることになりました。この中には、目・耳・手足・腰や首・からだの内部（心臓や腎臓など）に障碍を持たれる方や情報の記憶や認知に不自由がある方など、さまざまな不自由を持たれる方が含まれています。これからの質問は、そうした旅行中の実話をふまえ展開しますので気軽にお読みください。

問題1

　今回の旅行に参加されるみなさんは、町の中心部にあるA駅へ集合することになっています。一番早くA駅に集合した町内会のおじいさんたちは、「駅の改札口にも列車案内表示板が設置されるようになり、表示もそこそこ大きいから、迷わなくてすむようになってよくなった。A駅にも早くつけてほしいよね」と世間話をしていました。そこに、不幸にも病気により全盲になってしまった一郎さんがやってきました。一郎さんもおじいさんたちの話の中に入り、

　「列車の発車案内が耳からも入るようになればずいぶん私たちも楽になるのにな」

　と悩みを打ち明けました。すると、耳に不自由を持つ息子をかかえる二郎さんが、

　「あの案内表示板では事故などのナマの情報を流すこともでき、緊急時などの案内放送を聞き取れないうちの息子のような人々のためにも案内表示板を増やしてほしいよ」

　と話しました。さらに、情報の記憶や認知に不自由がある息子を持つ三郎さんが、

　「あの案内表示板ならうちの息子のような人でも乗るべき列車を

集合場所のA駅改札口の現状

簡単に見分けられるようなサインを表示できる」
と話しました。おじいさんたちも、
「足や手など、ほかの障碍を持つ人にとっても案内表示板はあると便利だよね」
と一同うなずいていました。そうしたら、鉄道好きの四郎さんが得意になって、
「目と耳の両方から列車の案内を表示したり流したりするシステムがA駅につくよ」
と話し始めました。すると、
「それはいいね。色々な人にとって便利なのだから、あちこちの駅につけてほしいよ」
とさらにその場の話が盛り上がりました。
そうしたら、車いすを利用する人を手助けするためにきていた駅員さんが、
「しかし、そのシステムを全国的に増やすには、みなさんにもある程度のご負担をいただかないと経営的にも苦しいです。たとえば、1年間に全国で104589基ずつ増やすとして、**他の対策とは別に**、鉄道の会社に関係なくみなさまには1回の乗車券・定期券の購入ごとに別途10円お支払いいただく必要があります。併せて、国と地方自治体のそれぞれに、**他の対策とは別に**、増設の補助金の財源として毎年454円ずつ、別途お支払いいただく必要があります。現在、日本の国内には約9600の鉄道駅がありますが、改札口が複数ある駅も多く、乗り入れる路線が多ければ、それだけ多くの数が必要になります。通常、上り線と下り線で1基ずつ必要になります。この値段には、システムの導入費用のほかに通常使用期間7年分の電気費用や管理費用などもふくまれていますが、増設や新しい機器への交換などが今後継続的に行われることになりますから

駅の改札口にある発車列車案内システム
（小田急線中央林間駅の例）

毎回・毎年の運賃・税金のご負担が続くことになります」
とお話をされました。その話を聞きみんなからは、
「必要だから駅員さんの言う金額より多く支払うよ」
「駅員さんのいうくらいの負担なら支払ってもいい」
「必要性をあまり感じないので私は少なめに支払う」
「必要性をまったく感じないので私は支払わないよ」
など、色々な意見が出てきました。
　そこでみなさまにもお聞きします。目と耳の両方をとおして列車の案内を表示したり流したりするシステムを全国の鉄道駅の改札口に継続的に導入していく場合には、みなさんも、鉄道の一利用者・各地方の一市民、一国民として運賃と税金を継続的に支払っていく必要があります。あなたは、このシステムを継続的に導入していくとして、どのくらいの負担が適当と考えますか。この施策への負担で他の商品やサービスに使える金額が減る可能性がある点も念頭におき、空欄に自分の価値観にあう数字をお書きください。

【問題1-1】
　私は、目と耳の両方から列車案内を表示したり流したりするシステムを日本国内の鉄道駅改札口に継続的に導入していく場合、基準になっている1回あたりの運賃10円を前提に（　　　）円、毎年の地方自治体への税金454円を前提に（　　　）円、毎年の国への税金454円を前提に（　　　）円の金額ならば今後継続的に負担するのに適当であると考えている。

【ご注意】　これから問題5まで、しばらく問題1と同じパターンがつづきます。障壁を除く各種施策はそれぞれ別個のものですから、仮に施策AとBのふたつを実現する場合には、A＋B分の負担が求められることになります。子供も大人と同様の負担額になりますのでその点にもご

了解ください。今回は、改善の必要性が極めて高い計11の障壁除去に向けた施策をとりあげていますので、その点にご注意の上お答えください。

A駅にある階段

問題2

　今回の旅行に参加されるみなさんが、A駅へ集合しました。改札をとおりぬけ、乗車する特急電車が発車するホームに向かいます。これが大変厄介なことで、そのために先ほどのような駅員さんが助けにきていたわけです。実はA駅を通る路線は1980年開業で、比較的早い時期に高架化された路線として知られています。しかし、バリアフリーの重要性がさけばれる前に高架になったために、いまだにエレベーターが設置されておらず、常に車いすを使用している一美さんは、

　「いつもたくさんの駅員さんや家族に迷惑をかけてばかりで申し訳ないよ。身体のバランスをとりにくい上肢の不自由を持つ人々、腰や背中に障碍を持つ人も階段は危険です。早くエレベーターをつけてほしいです」

　としばしば言っています。すると、それを聞いた心臓に障碍のある一恵さんが、

　「私のような身体の内部に不自由がある人の中にも疲れに非常に弱い人々も多いから、エレベーターをつけた方がいいわ」

　と同意しました。さらに目が不自由な一郎さんが、

　「目の不自由な人にとっても階段やエスカレーターは危険です。やはりエレベーターがあるといいね」

　と指摘しました。近くにいたおじいさんやおばあさんたちもその話を聞いて、

　「我々高齢者も足腰が弱ってきているからエレベーターはぜひとも付けて欲しいよ」

と話の中に入ってきました。耳に不自由を持つ息子をかかえる二郎さんや情報の記憶や認知に不自由がある息子を持つ三郎さんも、
「エレベーターはうちの息子たちにも役に立つからぜひとも増やしていってほしい」
と話していました。そうしたら、再度駅員さんが、現実味のある話を始めました。
「エレベーターを全国の駅に増やすには、みなさんにもある程度のご負担をいただかないと経営的にも苦しいです。たとえば、改札口とホームの間に1年間に全国で6245基ずつ増やしていくとして、**他の対策とは別に**、鉄道の会社に関係なくみなさまに1回の乗車券・定期券の購入ごとに別途10円お支払いいただく必要があります。また、国と地方自治体のそれぞれに、**他の対策とは別に**、増設用の補助金の財源として毎年947円ずつ別途お支払いいただく必要があります。それとは別に、同じ鉄道会社の異なる路線への乗換えを円滑に行っていただくために乗換え通路とホームの間にエレベーターを付けようとすると、1年間に全国で6245基ずつ増やしていくとして、**他の対策とは別に**、鉄道の会社に関係なく、みなさまに1回の乗車券・定期券の購入ごとに別途10円お支払いいただく必要がございます。併せて、国と地方自治体のそれぞれに、増設の補助金の財源として毎年947円ずつ、**他の対策とは別に**、別途お支払いいただく必要がございます。さらに、上記のふたつとは別に、別の鉄道会社の路線への乗換えを円滑に行っていただくために、乗換え通路

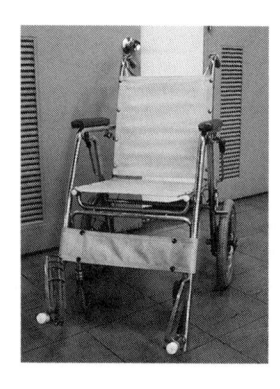

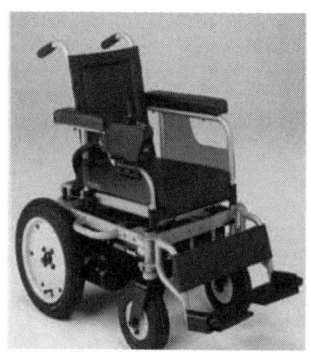

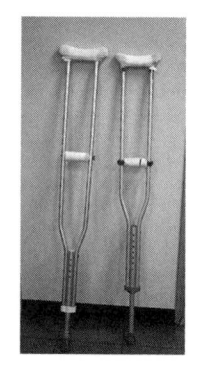

にエレベーターを付けようとすると、1年間に全国で6245基ずつ増やすとして**他の対策とは別に**、鉄道の会社に関係なくみなさまに1回の乗車券・定期券の購入ごとに別途10円お支払いいただく必要があります。併せて、国と地方自治体のそれぞれに、増設の補助金の財源として毎年947円ず

車いす対応エレベーター
(JR東日本さいたま新都心駅の例)

つ、**他の対策とは別に**、別途お支払いいただく必要がございます。現在、日本国内には約9600の鉄道駅がございますが、改札口やホームが複数ある駅も多く、乗り入れる路線が多くなればそれだけ多くの数が必要になります。上記の各値段には、エレベーター導入費用のほかに、通常使用期間17年分の電気費用や管理費用なども含まれていますが、増設や新しい機器への交換などが今後継続的に行われることになりますから、毎回・毎年の運賃・税金の負担が続くことになりますよ」と話されました。その話を聞いたみんなからは、

「必要だから駅員さんの言う金額よりも多く支払うよ」
「駅員さんのいうくらいの負担なら払ってもいいです」
「必要性をあまり感じないので少なめに支払いますね」
「必要性をまったく感じないので私は支払わないわよ」

など、エレベーターの増設について多様な意見が出されました。

そこでみなさまにもお聞きします。改札口からホームの間、同じ鉄道会社内の乗換え通路とホームの間、別の鉄道会社間にある乗換え通路の各々にエレベーターを継続的に導入する場合には、みなさんも鉄道の一利用者・各地方の一市民そして一国民として運賃および税金を継続的に支払っていく必要があります。**ここで対象にするエレベーターは、車いす利用者でも不自由なく利用できる大きめのものとします。**あなたは、

附録 153

上記の各空間にエレベーターを継続的に導入していくとして、各々についてどのくらいの負担が適当と考えますか。この施策への負担で他の商品やサービスに使える金額が減る可能性がある点を念頭に置きながら、空欄に自分の価値観にあう数字をお書きください。

【問題 2-1】
　私は、日本国内の鉄道駅で改札口からホームの間にエレベーターを継続的に導入していく場合、基準になっている 1 回あたりの運賃 10 円を前提に（　　　）円、毎年の地方自治体への税金 947 円を前提に（　　　）円、毎年の国への税金 947 円を前提に（　　　）円ならば今後継続的に負担するのに適当であると考えている。

【問題 2-2】
　私は、日本国内の鉄道駅で同じ会社の路線間にある乗換え通路にエレベーターを継続的に導入していく場合、基準になっている 1 回あたりの運賃 10 円を前提に（　　　）円、毎年の地方自治体への税金 947 円を前提に（　　　）円、毎年の国への税金 947 円を前提に（　　　）円ならば今後継続的に負担するのに適当であると考えている。

【問題 2-3】
　私は、日本国内の鉄道駅で別の会社間にある乗換え通路にエレベーターを継続的に導入していく場合、基準になっている 1 回あたりの運賃 10 円を前提に（　　　）円、毎年の地方自治体への税金 947 円を前提に（　　　）円、毎年の国への税金 947 円を前提に（　　　）円の金額ならば今後継続的に負担するのに適当であると考えている。

問題3

　旅行の参加者は、A駅から予定通り特急列車に乗りました。席についたとたん、耳に障碍を持つ息子をかかえる二郎さんが、

「この特急列車は古い車両だから停車駅の情報や緊急時の情報を流せる案内表示機がついていないよ。うちの息子のような耳に不自由のある人々は、車掌さんの話をうまく聞き取れないから、見知らぬところに出かける際や緊急の場合に備えて視覚による案内表示機をぜひともつけてほしいんだ」

と話し始めました。すると、情報の記憶や認知に不自由がある息子を持つ三郎さんも、

「うちの息子のような情報の記憶や認知に不自由がある人の中には、漢字でわからなくてもひらがなで情報を認知できる人もいます。二郎さんが言われるような案内表示機ならひらがなで情報を流すことも可能ですし、うちの息子のような人々でもわかりやすいような単純な案内にも柔軟に対応できますよ」

と話しました。周辺に座っていたおじいさんやおばあさんたちも、

「耳が遠くなって車掌さんの声が電車の音でうまく聞き取れないことも多くなってきたから案内表示機が増えるといい」

と話しました。手足や目、からだの内部に障碍のある人々も、

「案内表示機はいいね」

と同調しました。

　すると、近くでその話を聞いていた鉄道好きの四郎さんが、

「日本国内を走るすべての旅客列車（注意：新幹線・在来線の特急・普通電車など旅客列車をすべて含み、JRと民鉄の区別もしません。現在国内

みなが乗車した案内表示機のない特急の車内

附録　155

には約50000両の旅客車両があります）にそのような案内表示機をつけるとしたら、我々のある程度の負担はやむを得ないよ。鉄道雑誌を読んだら、1年間に451041基ずつ増やすとして、鉄道の会社に関係なく我々が、**他の対策とは別に、**1回の乗車券・定期券の購入ごとに別途10円支払う必要があるそうです。特急電車であれば1両あたりで最低2基、すなわち10両編成だったら20基分が必要になります。2階建て車両であれば、1両あたり2倍の最低4基が必要になりますし、寝台列車のような個室車両であればもっと多く必要になります。東海道線・宇都宮線のような中距離電車や山手線・大阪環状線のような通勤型の電車であれば、今後増える4扉車ならば、1両あたりで最低8基は取り付けるから10両編成で80基分が必要になります。これらはあくまでも最低の数ですから、希望すれば一両あたりの設置数を増やし、きめこまかい対応をすることも可能です。上記の値段には、導入費用のほかに通常使用期間の10年分の電気費用や管理費用などが含まれていますが、増設ならびに新しい機器への交換がこれから継続的に必要になりますから、毎回の運賃負担が続くことになります」

と現実味のある話をしました。さらに、飛行機好きの五郎さんが、

「航空機に同じような案内表示機をつけることも必要になってくるよ。飛行機雑誌によれば、日本の各地で離発着する国内・国際線の航空機（ただし、国外の乗り入れ会社は今回除きます）に1年間に2341基ずつ案内表示機を増やしていくとして、**他の対策とは別に、**航空会社に関係なく我々が1回の搭乗券購入ごとに別途10円支払う必要があるそうです。通常1機で15基分必要ですが、それより増やすこともできます。日本国内の定期航空会社の1998年時点保有ジェット機数は416機です。上記値段には、導入費用のほかに通常使用期間の10年分の電気費用や管理費用などが含まれていますが、増設や新しい機器への交換などが今後継続的に必要になりますから、毎回の運賃の負担が続くことになります」

と話しました。その話を聞きみなさんからは、

「必要だからふたりの言う金額より多く支払ってもいい」

「ふたりがいうくらいの額なら支払うよ」

「あまり必要性を感じないので私は少なめに支払うわ」
「全く必要ないので支払わないわ」
などの意見が出ました。

そこでみなさまにもお聞きします。日本の国内を走る在来線の特急車内と中距離電車の車内、日本に離発着する航空機内に視覚をとおした案内表示機を継続的に導入する場合には、みなさんも鉄道・航空機の一利用者として運賃を継続的に支払っていく必要があります。あなたは、このシステムを継続的に導入していくとしてどのくらいの負担が適当と考えますか。この施策への負担で他の商品やサービスに使える金額が減る可能性がある点も念頭におきつつ、空欄に自分の価値観にあう数字をお書きください。

特急電車・中距離電車および航空機に
設置できる案内表示機の例
（名古屋鉄道のもの）

【問題3-1】
　私は、日本国内の旅客列車の車内に視覚をとおした案内表示機を継続的に導入していく場合、基準になっている1回あたりの運賃10円を前提として、（　　　）円ならば今後継続的に負担するのに適当であると考えている。

【問題3-2】
　私は、日本国内離発着の国内・国際線航空機（国内会社のみ）に視覚をとおした案内表示機を継続的に導入していく場合、基準になっている1回あたりの運賃10円を前提として、（　　　）円ならば今後継続的に負担するのに適当であると考えている。

問題 4

　旅行に参加しているみなさんは、目的地のB駅に着きました。乗車した電車はたまたまB駅が終点で、降りるのに時間をかけることができましたが、常に車いすを使っている一美さんは、

　「途中の駅ではあまり停車時間が無いから駅員さんや車掌さんにいつも迷惑をかけてしまってね。乗り降りを助けてくれる他の乗客のみんなにも感謝しているけれど、なんとなく悪い気がしてさ。身体のバランスをとりにくい上肢不自由を持つ人々、腰や背中に障碍を持つ人の転倒事故なども防げるから、早くホームと車両の間の段差やすき間を無くして欲しいわ」

　と話しました。すると、近くに座っている病気で全盲になった一郎さんが、

　「僕たちにとってホームは危険の宝庫さ。電車とホームの間のすき間が広くて落ちてしまった友達もいるし、目に不自由がある人の実に70％がホームを歩いていて線路に落ちているというデータも新聞に載っていたよ。実は、僕自身も落ちた経験があってあやうく死ぬところだったよ。段差やすき間の解消はもちろんだけれど、やはり、このごろ地下鉄で増えているホームドアを取り付けて欲しいよ」

　と話しました。さらに、情報の記憶や認知に不自由がある息子を持つ三郎さんが、

　「うちの息子のような人の中には、空間の認知をうまくできない人もいて、突然危険な行動をしはじめる者もいるから、ホームの安全対策は確かに必要です」

　と話を続けました。周囲にいたおじいさんや身体の内部に不自由を持つ

ホームはいろいろな障碍者を悩ましている

人々も、
　「乗ったり降りたりするときに無駄な力をかけなくてすむから安全対策は歓迎だよ」
　と賛成していました。
　そうしたら、近くで障碍を持つ人たちの手助けにきていたボランティアの一彦さんが話し始めました。
　「ホームドアを付けてほしいという新聞記事をよく目にするけれど、そうは簡単にいかないみたいですよ。たとえば、1年間に日本の各地の200mホームに3626基ずつ増やしていくとして、**他の対策とは別に**、鉄道の会社に関係なく我々は1回の乗車券・定期券の購入ごとに別途10円支払っていく必要があるそうです。また、国と地方自治体のそれぞれに、**他の対策とは別に**、増設用の補助金財源として毎年1335円ずつ、別途支払っていく必要があります。現在、日本国内にはおよそ9600の鉄道駅があります。ホームが複数あるものも多く、乗り入れる路線が多ければそれだけ多くの数が必要になります。通常、上り線と下り線で1台ずつ必要になります。この値段には、システムの導入費用のほかに通常使用期間の10年分の電気費用および管理費用なども含まれておりますが、増設や新しい機器への交換などが今後継続的に行われますから、毎回・毎年の運賃・税金の負担がつづきます」
　と現実味のある話をしました。すると、一美さんが
　「ホームの段差やすき間の解消はどのくらいかかるの？」
　と質問し、一彦さんはつぎのように答えました。
　「まず、段差解消にはホームのかさあげ工事という方法があります。たとえば、1年間に日本全国の200mホームを4330かさあげしようとすると、鉄道の会社に関係なく我々は1回の乗車券・定期券の購入ごとに**他の対策とは別に**、別途10円支払っていく必要があるそうです。現在、日本国内には約9600の鉄道駅があります。ホームが複数あるものも多く、乗り入れる路線が多ければそれだけ多くの工事が必要になります。通常、上り線と下り線で工事が必要になります。この値段は工事費用がほとんどを占めます。工事は今後継続的に行われますから、毎回・毎年の運

賃・税金の負担が続きます。次にホームのすき間の解消ですが、最近「ラクープ」という京急ファインテックが開発した安価な装置が注目されています。これが普及の兆しを見せていて、ホームと車両の間のすき間をうめてくれる電動ステップです。これは、車両の全ドアに対応させる必要はないそうで、ひとつのホームにふたつくらいが標準だそうです。たとえば、1年間に日本全国のホームにラクープを254705基ずつ増やしていくとして、**他の対策とは別に**、鉄道の会社に関係なく、我々は1回の乗車券・定期券の購入ごとに別途10円支払っていく必要があるそうです。併せて、国と地方自治体のそれぞれに、**他の対策とは別に**、増設用の補助金財源として毎年703円ずつ、別途支払っていく必要があります。現在、日本国内にはおよそ9600の鉄道駅があります。ホームが複数あるものも多く、乗り入れる路線が多ければそれだけ多くの数が必要になります。通常、上り線と下り線で2基ずつ必要になります。上記の値段には、システムの導入費用の他に通常使用期間の10年分の電気費用や管理費用なども含まれておりますが、増設と新しい機器への交換などが今後継続的に行われますから、毎回・毎年の運賃・税金の負担が続くことになります」。

　その話を聞きみんなからは、「必要だから一彦さんの言う金額より多く支払ってもいい」

京急ファインテックのラクープ

左：ホームドアの設置例（京都市営地下鉄）
右：ホームの段差解消例（湘南モノレール）

「一彦さんのいうくらいの負担なら支払ってもいいね」
「あまり必要性を感じないので少なめに払う」「必要性を全く感じないので払わない」
　など、色々な意見が出てきました。
　そこでみなさまにもお聞きします。日本国内の鉄道の駅で、ホームドア整備・ホームかさあげ・ラクープ（※電動補助ステップ）の整備を継続的に行っていく場合、みなさんも、鉄道の一利用者・各地方の一市民・一国民として運賃ならびに税金を継続的に支払っていく必要があります。あなたは、このシステムを継続的に導入していくとしてどのくらいの負担が適当と考えますか。この施策への負担で他の商品やサービスに対して使える金額が減る可能性がある点も念頭におきながら、空欄に自分の価値観にあう数字をお書きください。

【問題 4-1】
　私は、日本国内の鉄道駅でホームドアを継続的に導入していく場合、基準になっている1回あたりの運賃10円を前提に（　　　）円、毎年の地方自治体への税金1335円を前提に（　　　）円、毎年の国への税金1335円を前提に（　　　）円

ならば今後継続的に負担するのに適当であると考えている。

【問題 4-2】
　私は、日本国内の鉄道駅でかさあげ工事を継続的に導入していく場合、基準になっている1回あたりの運賃10円を前提に、(　　　)円の金額ならば今後継続的に負担するのに適当であると考えている。

【問題 4-3】
私は、日本国内の鉄道駅のホームでラクープを継続的に導入していく場合、基準になっている1回あたりの運賃10円を前提に(　　　)円、毎年の地方自治体への税金703円を前提に(　　　)円、毎年の国への税金703円を前提に(　　　)円ならば今後継続的に負担するのに適当であると考えている。

問題5

　B駅に着いた旅行の参加者は、駅前のバスターミナルから路線バスに乗ってホテルにむかいます。B駅はB市中心部にある市内最大の駅で、駅前のバスターミナルには県内の各方面や周辺の都市から多くの路線バスが乗り入れてきます。そうした背景から、駅前バスターミナルにはバス運行案内総合システムが完備されています。これは、バスが走っている場所を衛星の利用により自動的に把握し、バスが各停留所に接近すると自動放送で利用者に「まもなくC病院経由D大学前行きがまいります」というように案内するシステムです。耳からだけでなく、案内表示機で同じ情報を視覚により提供することもできます。病気により全盲になってしまった一郎さんは、

「我々のような目に障碍のある者は行き先表示を思うように読み取れないし、○○行きですという放送をながさない会社も多いから、このような案内があると助かるよ」

と喜んでいました。すると、システムを見ていた情報の記憶や認知に

不自由がある息子を持つ三郎さんが、

「あの案内表示板ならばうちの息子のような人でも乗るべきバスを簡単に見分けられるようなサインを表示できるし、携帯電話でバスの位置を知ることもできるから、運行状況にあわせて送り迎えができる」

視覚障碍者にとって案内システムの無い通常の
バス乗り場では右に映っているような
バス会社の人の案内が重要

と話しました。おじいさんたちも、

「足や手など、ほかの障碍を持つ人にとっても案内表示板や音声案内は便利です」

と話していました。そこにいたバス会社勤務の一夫さんが、説明をはじめました。

「最近は、こういう案内システムを導入するときに、乗車あるいは降車のときに機械にふれるだけで運賃を自動的に引き落とせるICカードシステムをメーカーが一緒に売り込んでくることが多いんだけれど、それがあると身動きをとれにくい多くの障碍者や高齢者に役立つんだよ。まさに情報分野でもバリアフリーが必要になっているよね」

そうしたら、回数券の路上販売にきていたバス会社の人が、

「しかし、ICカードのシステムまでをふくめた路線バス運行案内システムを日本全国に増やすには、みなさんにもある程度のご負担をいただかないと経営的に苦しいですよ。たとえば、1年間にこのシステムを日本全国に421システム（参考：全国には670都市あります）ずつ導入しようとすると、車両100台分／1システムの改造費も含めて、**他の対策とは別に**、みなさまに1回の運賃の支払い・定期券の購入ごとに別途10円お支払いいただく必要がございます。併せて、国と地方自治体のそれ

ぞれに、**他の対策とは別に**、増設の補助金の財源として別途毎年30円ずつお支払いいただく必要がございます。本システムは、バス会社が営業する地域が広ければ、複数のシステムが必要になり

バス総合案内システム（接近表示は携帯電話でも受信可・路面電車でも同様）

ます。一方で、中小のバス会社がいくつも存在する地域では、共同管理することも可能です。また、同じシステムを路面電車に導入することもできます。たとえば、1年間にこのシステムを日本全国に20システム（20路線：全国に路面電車は現在26路線あります）ずつ導入しようとすると、車両100台分／1システムの改造費用もふくめ、**他の対策とは別に**、みなさまに1回の運賃の支払い・定期券購入ごとに、別途10円お支払いいただく必要がございます。また、国と地方自治体のそれぞれに、**他の対策とは別に**、増設用の補助金の財源として別途毎年2円ずつお支払いいただく必要がございます。このシステムは、路面電車の会社が営業する地域が広ければ、当然複数のシステムが必要になります。上記の各々の値段には、システム導入費用の他に通常使用期間10年分の電気費用や管理費用なども含まれていますが、増設や新機器への交換などが今後継続的に行われますから、毎回・毎年の運賃・税金のご負担が続くことになります」

と話されました。みなさんからは、
「必要だから社員さんの言う金額より多く支払ってもいい」
「社員さんのいうくらいの負担なら支払ってもいい」
「あまり必要性を感じないので少なめに支払う」
「全く必要性を感じないので払わない」など、色々な意見が出ました。
そこでみなさまにもお聞きします。バス総合案内システムならびに路面電車総合案内システムを日本全国に継続的に導入していく場合には、

みなさんも、路線バスあるいは路面電車の一利用者・各地方の一市民、そして一国民として運賃および税金を継続的に支払っていく必要があります。あなたは、これらのシステムを継続的に導入していくとしてどのくらいの負担が適当と考えますか。この施策への負担で他の商品やサービスに使える金額が減る可能性がある点も念頭におきつつ空欄に自分の価値観にあう数字をお書きください。

【問題5-1】
　私は、日本国内にバス総合案内システムを継続的に導入していく場合、基準になっている1回あたりの運賃10円を前提に（　　　）円、毎年の地方自治体への税金30円を前提に（　　　）円、毎年の国への税金30円を前提に（　　　）円ならば今後継続的に負担するのに適当であると考えている。

【問題5-2】
　私は、日本国内に路面電車総合案内システムを継続的に導入していく場合、基準になっている1回あたりの運賃10円を前提に（　　　）円、毎年の地方自治体への税金2円を前提に（　　　）円、毎年の国への税金2円を前提に（　　　）円ならば今後継続的に負担するのに適当であると考えている。

【問題6】
最後になりましたが、あなたさま御自身のことについてお聞きします。

（1）性別のあてはまる方に○をつけてください。（男・女）

(2) 年齢はおいくつですか。　（　　）歳
(3) あなたの家の年収はおいくらですか。　（　　　　）円
(4) 現在お住みの場所の最寄り駅名をお書きください。
　　（　　　）線（　　　）駅

※みなさまのご回答につきましては、個々の回答が当研究室の外部に漏れることがないように厳重に統計処理をさせていただき、学術目的にだけ使用させていただきます。本日は、我々の社会調査にご協力くださいまして誠にありがとうございました。

交通バリアフリー施策に対する
グループインタビュー

司会進行用原稿（2010.03.01. 実施）
慶應義塾大学大学院政策・メディア研究科　西山敏樹

（司会者） みなさま、こんにちは。本日は、お休み中にもかかわらず、私どもの調査研究にご協力くださいましてありがとうございます。今回の調査は、2025年に国民の25％が高齢者になると予想され、障がい者人口も増える可能性が高いことを背景とし、交通バリアフリー施策に対するみなさまの価値観を把握し、実際の政策に反映させることを目的にしております。

　そこで今回は、20代から70代までの男女各1名ずつ、合計12名の心身が健康な方々にお集まり頂き、交通環境からバリアを無くすための重要な各種施策に関して、自由に考え方を述べて頂きます。なお、交通バリアフリーの政策については、市民の間でもたくさんの考え方があります。故に、自分の意見と反対の意見を主張する方が出てきても、それを批判したり勝手に議論を繰り広げることは、絶対にお止めくださるようにお願い致します。

　司会者は、これから各施策の改良前・改良後の画像をお見せします。施策を実現する上での一人当たりの運賃及び税金の負担額に関する情報もボードにてお示しします。個人にとっての施策実現でのメリットや負担を公平にお示しします。この情報をもとに、今後の交通環境のバリアフリー整備の方向性について、ご自分の考え方を遠慮せずに率直に主張してください。原則として、司会を務める私が意見を求める時以外の発言は、お慎みくださいます様にお願い申し上げます。以上、ご協力をど

うぞよろしくお願い申し上げます。なお只今の説明でご不明な部分などがございましたら、今のうちにご質問等をお願い致します。

＜質問があればそれに回答する＞

（司会者）　まず自己紹介からお願い致します。年齢・家族構成・職業・趣味等をお聞かせください。

＜自己紹介をしてもらう＞

（司会者）　最初は、視覚および聴覚を通した列車の案内表示機を駅の改札口に設置する施策を取り扱います。この装置を設置することで、視覚障がい者は発車案内を耳から聞き取ることができる様になります。聴覚障がい者は、視覚を通して発車列車案内や事故の情報等を知ることができます。その他の上肢障がい者・下肢障がい者・体幹障がい者・内部障がい者・知的障がい者についても、情報を効果的に入手できることから設置がマイナスに働くことはありません。この装置を普及させることについて1人30秒でご意見を賜りたく思います。ボードの一人当たりの運賃及び税金の負担額に関する情報も参考にして、ご意見ください。

＜各人に1人30秒で意見を言ってもらう＞

（司会者）　つぎに、駅の改札口からホームの間にエレベータを設置する施策について取り上げます。この装置を設置することで、足が不自由な下肢障がい者は、快適にホームに向かうことができる様になります。上肢障がい者についても、体幹障がい・下肢障がいとの複合障がいが多い状況を勘案すると設置はプラスに働きます。体幹障がい者の場合も、身体のバランスをとり難いですから、エスカレータよりもエレベータの方が効果的です。内部障がい者の疲労虚弱という特質を勘案しても、設置は確実にプラスとなります。視覚障がい者・聴覚障がい者・知的障がい

者にも設置がマイナスになることはありません。改札口からホームまでの間にエレベータを普及させることについて1人30秒でご意見を賜りたく思います。ボードの一人当たりの運賃及び税金の負担額に関する情報も参考にして、ご意見ください。

＜各人に1人30秒で意見を言ってもらう＞

（司会者）　つぎに、駅の同じ会社の路線間にある乗換通路にエレベータを設置する施策に関して質問します。この装置の設置で、足が不自由な下肢障がい者は、快適にホームへ向かうことができる様になります。上肢障がい者についても、体幹障がい・下肢障がいとの複合障がいが多い状況を勘案すると設置はプラスに働きます。体幹障がい者の場合も身体のバランスをとりにくいですから、エスカレータよりもエレベータの方が効果的です。内部障がい者の疲労虚弱の特質を勘案しても、設置はプラスとなります。視覚障がい者・聴覚障がい者・知的障がい者についても、設置がマイナスになることはありません。同じ会社の路線間の乗換通路にエレベータを増やしていく策について1人30秒でご意見を賜りたく思います。ボードの一人当たりの運賃及び税金の負担額に関する情報も参考にして、ご意見ください。

＜各人に1人30秒で意見を言ってもらう＞

（司会者）　つぎに、駅の異なる会社の路線間にある乗換通路にエレベータを設置する施策について扱います。この装置の設置で、足が不自由な下肢障がい者は快適にホームに向かうことができる様になります。上肢障がい者についても、体幹障がい・下肢障がいとの複合障がいが多い状況を勘案すると設置はプラスに働きます。体幹障がい者の場合も身体のバランスをとりにくいですから、エスカレータよりもエレベータの方が効果的です。内部障がい者の疲労虚弱の特質を勘案しても、設置はプラスとなります。視覚障がい者・聴覚障がい者・知的障がい者に関しても、

設置がマイナスになることはありません。異なる会社の路線間の乗換通路にエレベータを増備することについて、1人30秒でご意見を賜りたく思います。ボードの一人当たりの運賃及び税金の負担額に関する情報も参考にして、ご意見ください。

<各人に1人30秒で意見を言ってもらう>

（司会者）　つぎに、旅客列車の全車に視覚を通した案内表示機を設置する施策について質問します。この装置の設置で、聴覚障がい者は列車の停車駅や降車駅、緊急時案内等を効果的に入手することができます。ひらがな表示などを用いれば、知的障がい者にも効果的な情報提供の手段になります。視覚障がい者には役に立ちませんが、上肢障がい者・下肢障がい者・体幹障がい者にとって、設置はマイナスではありません。国内のすべての旅客列車の車内に視覚による案内表示機器を増やすことについて、1人30秒でご意見を賜りたく思います。ボードの一人当たりの運賃及び税金の負担額に関する情報も参考にして、ご意見ください。

<各人に1人30秒で意見を言ってもらう>

（司会者）　つぎに、航空機内に視覚案内表示機を設置する施策について質問します。本装置の設置で、聴覚障がい者は飛行機の運行に関する各種情報や緊急時の案内等を効果的に入手することができます。ひらがな表示を用いれば、知的障がい者にも効果的な情報提供の手段になります。視覚障がい者には役に立ちませんが、上肢障がい者・下肢障がい者・体幹障がい者にとって設置はマイナスでありません。日本国内を離発着する国内線・国際線の航空機に視覚による案内表示機を増備することについて、1人30秒でご意見を賜りたく思います。ボードの一人当たりの運賃及び税金の負担額に関する情報も参考にして、ご意見ください。

<各人に1人30秒で意見を言ってもらう>

（司会者）　つぎに、駅のホームに転落防止柵（ホームドア）を設ける施策について質問します。本装置の設置で、頻繁に起きている視覚障がい者の線路への転落を防ぐことができます。上肢障がい者についても、バランスの不均衡による転落を防ぐことができます。下肢障がい者についても、歩行可能な人のバランスの不均衡、車いす利用者の操作ミスによる転落事故を防げます。体幹障がい者についても、頸部・胸部・腰部などの課題で生じるバランスの不均衡による転落事故を防げます。位置認識（空間認識）能力の弱い知的障がい者の転落を防止することもできます。聴覚・内部障がい者についても人身事故の回避にも有効です。駅のホームに転落防止柵を増やしていく施策について、1人30秒でご意見を賜りたく思います。ボードの一人当たりの運賃及び税金の負担額に関する情報も参考にして、ご意見ください。

＜各人に1人30秒で意見を言ってもらう＞

（司会者）　つぎに、駅のホームをかさ上げして段差を解消する施策についてお聞きします。本対策の実施で、視覚障がい者の転倒を防げ移動の安全性も高まります。上肢障がい者にとっては、バランスの不均衡による転倒事故の防止に貢献します。下肢障がい者や体幹障がい者の場合は、車いすの利用者を中心に移動を円滑なものにします。聴覚や内部の障がい者にとっては、段差を越える場合の身体の負担を軽減できます。知的障がい者の場合は、下肢障がいとの複合障がいが多く見られるため、移動の円滑化が期待されます。駅のホームをかさ上げして段差を解消する施策の普及について、1人30秒でご意見を賜りたく思います。ボードの一人当たりの運賃及び税金の負担額に関する情報も参考にして、ご意見ください。

＜各人に1人30秒で意見を言ってもらう＞

（司会者）　つぎに、駅のホームのすき間をうめる装置（ラクープ）を増

やす策について質問致します。視覚障がい者にとっては、すき間の状況認識が難しいため、普及は確実に有益です。下肢障がい者、車いす利用者の列車利用時には最大限に威力を発揮しますし、歩行可能者でも余計な身体的な負担を取り除くことができます。上肢障がい者や体幹障がい者にも、バランスの不均衡による転倒事故等を防げるので有効です。内部障がい者の場合も、疲労虚弱の特質を勘案すると、余計な疲労の蓄積の回避に資するので設置の意味があります。知的障がい者や聴覚障がい者にとっても、人身事故の回避に有効なため、効果的です。鉄道駅内のホームのすき間を埋める装置の普及について、1人30秒でご意見を賜りたく思います。ボードの一人当たりの運賃及び税金の負担額に関する情報も参考にして、ご意見ください。

＜各人に1人30秒で意見を言ってもらう＞

（司会者）　つぎに、視覚や聴覚をとおしたバスの案内システムを増やす施策についてお聞きします。視覚・聴覚の障がい者にとっては、設置が確実にプラスに働きますし、情報提供の方法を簡単なものにすれば、知的障がい者の情報の認識にも貢献します。上肢障がい者・下肢障がい者・体幹障がい者・内部障がい者にも、効果的な情報把握の手段になります。視覚・聴覚をとおしたバスの案内システムの普及に関して、1人30秒で意見を賜りたく思います。ボードの一人当たりの運賃及び税金の負担額に関する情報も参考にして、ご意見ください。

＜各人に1人30秒で意見を言ってもらう＞

（司会者）　最後に、視覚・聴覚経由の路面電車案内システムを増やす施策について扱います。視覚障がい者と聴覚障がい者にとっては、設置が確実にプラスに働きますし、情報提供方法を簡単なものにすれば知的障がい者の情報認識にも貢献します。上肢・下肢・体幹・内部の各障がいを持つ方にとっても、効果的な情報把握手段になるのでプラスとなりま

す。視覚・聴覚経由の路面電車の案内システムの普及に関して、1人30秒で意見を賜りたく思います。ボードの一人当たりの運賃及び税金の負担額に関する情報も参考にして、ご意見ください。

＜各人に1人30秒で意見を言ってもらう＞

（司会者） 今回は、色々と貴重な意見を述べて頂きありがとうございました。それでは、意見交流が終わったところで、最後に皆様の机の上に置いた質問票の方へ、各種バリアフリー施策の実現に向けた運賃や税金の支払意思額を答えて頂きます。今日の議論で出た色々な意見をふまえて、現時点での支払意思額について率直にお書き下されば幸いです。この質問票をスタッフに提出された方は、本日の謝金の受け取り、領収証へのサイン・押印をすませ、忘れもの等がないかを確認の上で気をつけてお帰りください。ご協力有り難うございました。

（終わり）

高機能電動車いす（新商品）の試用期間中の移動状況調査

実試用テスト期間中の「移動の流れ」をそのまままつけ（起点・終点・手段・目的・目的と費やした時間を○印でつけてください。その他の欄には具体的に記入をお願いいたします。被験者が介助する方は、試用期間が始まり2週間が経過し終了するまで、被験者がどの様に移動したか、その足跡を14日分、選択肢に○をつけ記録してください。時間については純粋に移動に費やした時間を記録してください（滞在時間を含まない）。次の頁に続けてご記入下さい

起点・終点	時間・手段	起点・終点	時間・手段	起点・終点	時間・手段	起点・終点	時間・手段
A．自　宅	a. 0-10 分	A．自　宅	a. 0-10 分	A．自　宅	a. 0-10 分	A．自　宅	a. 0-10 分
B．講義棟	b. 11-20 分	B．講義棟	b. 11-20 分	B．講義棟	b. 11-20 分	B．講義棟	b. 11-20 分
C．研究室	c. 21-30 分	C．研究室	c. 21-30 分	C．研究室	c. 21-30 分	C．研究室	c. 21-30 分
D．事務室	d. 31-40 分	D．事務室	d. 31-40 分	D．事務室	d. 31-40 分	D．事務室	d. 31-40 分
E．図書館	e. 41-50 分	E．図書館	e. 41-50 分	E．図書館	e. 41-50 分	E．図書館	e. 41-50 分
F．体育館	f. 51-60 分	F．体育館	f. 51-60 分	F．体育館	f. 51-60 分	F．体育館	f. 51-60 分
G．生協売店	g. 61 分以上	G．生協売店	g. 61 分以上	G．生協売店	g. 61 分以上	G．生協売店	g. 61 分以上
H．学生食堂	1．鉄　道	H．学生食堂	1．鉄　道	H．学生食堂	1．鉄　道	H．学生食堂	1．鉄　道
I．飲食店	2．バ　ス	I．飲食店	2．バ　ス	I．飲食店	2．バ　ス	I．飲食店	2．バ　ス
J．コンビニ	3．タクシー	J．コンビニ	3．タクシー	J．コンビニ	3．タクシー	J．コンビニ	3．タクシー
K．スーパー又は量販店	4．自家用車	K．スーパー又は量販店	4．自家用車	K．スーパー又は量販店	4．自家用車	K．スーパー又は量販店	4．自家用車
L．デパート	5．iBOTのみ	L．デパート	5．iBOTのみ	L．デパート	5．iBOTのみ	L．デパート	5．iBOTのみ
M．友人宅	6．その他	M．友人宅	6．その他	M．友人宅	6．その他	M．友人宅	6．その他
N．その他		N．その他		N．その他		N．その他	

移動の目的	移動の目的	移動の目的	移動の目的
ア．授業　イ．研究	ア．授業　イ．研究	ア．授業　イ．研究	ア．授業　イ．研究
ウ．手続　エ．買物	ウ．手続　エ．買物	ウ．手続　エ．買物	ウ．手続　エ．買物
オ．食事　カ．帰宅	オ．食事　カ．帰宅	オ．食事　カ．帰宅	オ．食事　カ．帰宅
キ．趣味　ク．交流	キ．趣味　ク．交流	キ．趣味　ク．交流	キ．趣味　ク．交流
ケ．その他	ケ．その他	ケ．その他	ケ．その他

一回の移動毎に、移動の起点・終点・手段・目的・目的と費やした時間を○印でつけてください。その他の欄には具体的に記入をお願いいたします。

月　日
記録者
被験者

● 上記の移動・活動を通じての感想や意見（自由回答）

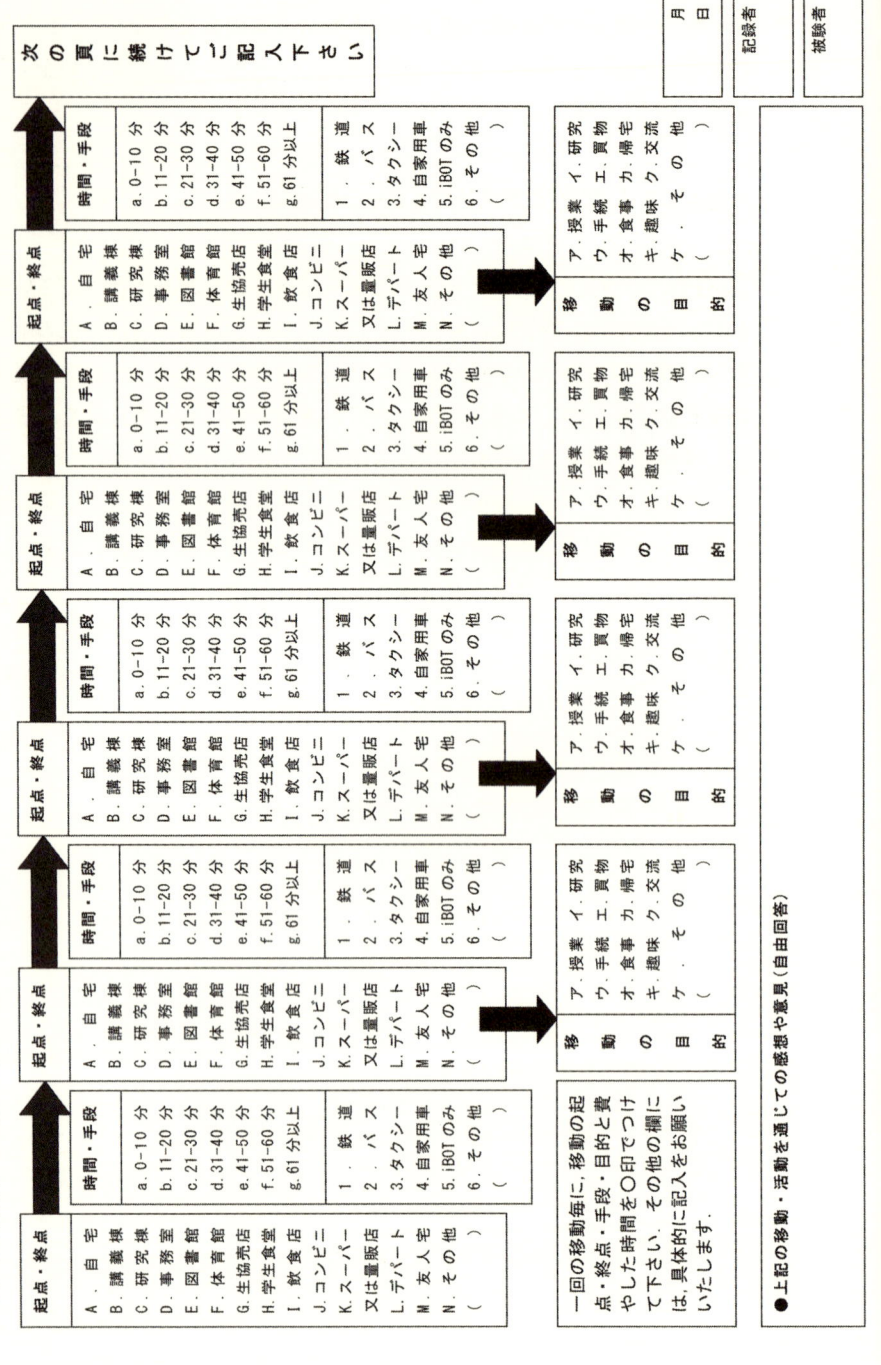

174

社会調査の倫理的配慮項目のリスト

(1) サンプリング段階の倫理的配慮
☐法令遵守
☐調査対象者名簿の厳重管理
☐個人情報の調査目的以外の使用禁止
(☐外部機関による評価)

(2) 調査実施の依頼時の倫理的配慮
☐調査の連絡と依頼
☐調査目的、調査主体、連絡先の明示

(3) 調査の準備段階での倫理的配慮
☐人権の尊重とプライバシーの保護
☐調査対象者名簿の徹底管理
☐調査員の研修と手法の周知

(4) 調査の実施段階での倫理的配慮
☐匿名性の確保
☐調査への合意取得
☐調査対象者の不利益回避
☐対象者の調査中止の自由
☐対象者の疑問への対応
☐対象者情報の守秘義務
☐差別の禁止
☐調査員の身分証明書の常時携行

☐調査員による不正な記入の防止

(5)　調査実施後の倫理的配慮
☐質問票・インタビューシート・観察記録等の厳重管理
☐個人情報の厳重管理
☐電子データの匿名性の確保と厳重管理

(6)　結果公表時の倫理的配慮
☐公表すべき事項の整理
☐ねつ造の防止
☐差別の禁止

【質問票・インタビューシート・観察記録等の作成】
☐言葉遣いは平易に
☐字体は HG 丸ゴシック M-PRO
☐字の大きさは 11 ポイント以上

【質問票の具体的な内容でのテクニック】
☐調査タイトルのすぐ下に「調査の主旨」を明記
☐社会調査の実施者・連絡先などの明記
☐社会調査で得られた情報の保護についての明記

【質問の構成と聞き方のテクニック】
◉質問の順番やストーリーに関して
☐フェイスシートは質問の最後
☐回答しやすい項目は前に、思慮が必要な項目は後に

◉選択肢の質問の際は
☐選択肢はランダムに配置
☐「どちらでもない」は避ける

□マイナスイメージは左に、プラスイメージは右に

●回答者の意見や主張をすべて受け止めるには
□自由回答欄を設ける
□回答する際の判断情報を関係者で吟味し回答のバイアスを避ける

参考文献リスト

飽戸弘『社会調査ハンドブック』日本経済新聞社 , 1987.
　いわゆるマーケティング・リサーチ（市場調査）を中心に、その理論を平易に解説している。

盛山和夫『社会調査法入門』有斐閣ブックス , 2004.
　社会調査自体を社会学の研究全体の中に位置づけて解説する。社会学系の人におすすめ。

Tim May 著 , 中野正大訳『社会調査の考え方──論点と方法』世界思想社 , 2005.
　社会調査の論点と方法を広く、かつバランスよく解説しており中級者にも対応している。

谷富夫 , 芦田徹郎『よくわかる質的社会調査・技法編』ミネルヴァ書房 , 2009.
　インタビュー法に代表される質的データの収集方法、分析方法をわかりやすく説明する。

S. ヴォーン著 , J.S. シューム著 , J. シナグブ著 , 井下理監訳 , 田部井潤訳 , 柴原宜幸訳 ,『グループ・インタビューの技法』慶應義塾大学出版会 , 2000.
　グループインタビューの実施手順が詳細に示されており、初心者にも判り易くおすすめ。

梅沢伸嘉『実践グループインタビュー入門』ダイヤモンド社, 1993.
　マーケティングという視点を重視して、グループインタビューのあり方を提示した文献。

佐藤郁哉『フィールドワークの技法──問いを育てる、仮説をきたえる』新曜社, 2002.
　マニュアル化をしにくい、フィールドワークのポイントを効果的にまとめてある入門書。

石村貞夫, 石村光資郎『統計学の基礎のキ──分散と相関係数編』東京図書, 2012.
石村貞夫, 石村友二郎『統計学の基礎のソ──正規分布とt分布編』東京図書, 2012.
　数学が苦手だけど統計の理論を学びたいという方は、まずこの2冊を手に取ってください。イラストやグラフが多いので、統計学の雰囲気をつかむには最適です。

大橋常道, 谷口哲也, 山下登茂紀『初学者に優しい統計学』コロナ社, 2010.
　コンピュータを使わずにできる演習が多く掲載されています。ペンを動かして勉強したい方におすすめします。

慶應SFCデータ分析教育グループ編『データ分析入門（第7版）』慶應義塾大学出版会, 2008.
　本書を執筆するきっかけになった本です。執筆者のひとりである片岡正昭教授には、サンプルデータ収集へのご協力ばかりでなく、数限りない示唆をいただきました。統計レポートをどう書けば良いかで悩んだときに読んでください。

向後千春, 冨永敦子『統計学がわかる』技術評論社, 2007.
向後千春, 冨永敦子『統計学がわかる　回帰分析・因子分析編』技術評論社, 2009.

　ハンバーガーショップやアイスクリームショップなど、統計学の身近な応用に触れられます。統計レポートの題材を探すとき、参考になるでしょう。

真貝寿明『徹底攻略確率統計』共立出版, 2012.
　確率論を復習しながら統計学が学べる一挙両得な本です。ほとんどのページにある側注がとても親切ですよ。

著者略歴

西山敏樹（にしやま・としき）［第1章−第3章、第5章執筆］
　東京都市大学都市生活学部准教授。1976年東京生まれ。慶應義塾大学総合政策学部、同大学院政策・メディア研究科修士課程、後期博士課程を修了し、2003年博士号（政策・メディア）取得。慶應義塾大学大学院政策・メディア研究科特別研究講師（現特任講師）、慶應義塾大学大学院システムデザイン・マネジメント研究科特任准教授（医学部特任准教授兼担）を歴任。専門は、公共交通・物流システムのデザイン・マネジメント、社会調査法。様々な分野の大型公的プロジェクトを経験し、社会調査の経験が豊富。交通、特に公共交通の中でも内外のバス事業・政策に精通し、交通や物流を中心とした未来社会システムのデザイン・マネジメント手法を実践的かつ学際的に研究している。

鈴木亮子（すずき・りょうこ）［第5章執筆］
　慶應義塾大学経済学部教授。日本女子大学大学院にて修士号（文学）取得後、南カリフォルニア大学にて M.A.（General Linguistics）を、カリフォルニア大学サンタバーバラ校にて Ph.D.（Linguistics）を取得（1999年）。その間シンガポール国立大学で教鞭をとり1998年より慶應義塾大学経済学部にて主に英語・言語学を担当。専門は語用論、談話機能主義言語学。日常人々が交わす会話や語りを収集し、ある単語や構文に着目し、言語の使い手が日々のやり取りの中でそれらを使い出し、文法的なパターンとして定着させてゆく過程を分析・記述している。日本語の終助詞や形式名詞の発展や、いわゆる従属節とよばれる構文の会話における機能を中心に研究している。国外研究者との共同研究も多い。

大西幸周（おおにし・ゆきちか）［第4章執筆］
　文京学院大学外国語学部非常勤講師。1980年東京生まれ。慶應義塾大学環境情報学部卒業。同大学院理工学研究科後期博士課程（基礎理工学専攻）単位取得退学。博士（理学）（慶應義塾大学）。慶應義塾大学大学院システムデザイン・マネジメント研究科特任助教、日本女子大学理学部非常勤講師などを歴任。専門はグラフ理論。特にグラフがスパニングツリーやファクターを含むためのタフネスに関する十分条件について、論文を多く著している。

第4章データ提供
　渡邊貴裕（慶應義塾大学環境情報学部）「大学生消費動向調査.csv」
　江頭和輝（慶應義塾大学環境情報学部）「スクラムの勝敗.csv」
　宮坂航亮（慶應義塾大学環境情報学部）「科学への興味.csv」
　出水厚輝（慶應義塾大学環境情報学部）「オノマトペ.csv」

アカデミック・スキルズ
データ収集・分析入門
——社会を効果的に読み解く技法

2013年6月28日　初版第1刷発行
2023年8月25日　初版第4刷発行

監　修	慶應義塾大学教養研究センター
著　者	西山 敏樹・鈴木 亮子・大西 幸周
発行者	大野 友寛
発行所	慶應義塾大学出版会株式会社
	〒108-8346　東京都港区三田2-19-30
	TEL〔編集部〕03-3451-0931
	〔営業部〕03-3451-3584〈ご注文〉
	〃　　　03-3451-6926
	FAX〔営業部〕03-3451-3122
	振替　00190-8-155497
	https://www.keio-up.co.jp/
装　丁	廣田清子
印刷・製本	中央精版印刷株式会社
カバー印刷	株式会社太平印刷社

©2013　Toshiki Nishiyama, Ryoko Suzuki, Yukichika Onishi
Printed in Japan　ISBN 978-4-7664-2050-0

慶應義塾大学出版会

アカデミック・スキルズ【第3版】
大学生のための知的技法入門

佐藤望編著／湯川武・横山千晶・近藤明彦著
大学生向け学習指南書のベスト＆ロングセラーを8年ぶりに改版。ノートの取り方や情報の整理法など、大学生の学習の基本を押さえた構成はそのままに、第3版では文献書式を一新し、弊社既刊『アカデミック・スキルズ』シリーズとの連携を強化。

定価 1,100 円（本体 1,000 円）

アカデミック・スキルズ
グループ学習入門
学びあう場づくりの技法

慶應義塾大学教養研究センター監修／新井和広・坂倉杏介著　信頼できるグループの作り方、アイデアを引き出す技法、ITの活用法、ディベートの準備など、段階に合わせて、気をつけるポイントを紹介。"失敗しない"グループ学習の秘訣を伝授する。

定価 1,320 円（本体 1,200 円）